圓融

《第三版》

——平實導師 述著

ISBN 957-98597-8-7

在大乘方廣唯識系諸經中，以及二乘解脱道阿含系諸經中，都已經**顯説或隱説**欲界衆生**各有八識心王**，所以古時被西天祖師恭稱爲第一義天的聖 玄奘菩薩，特地造了八識規矩頌，簡要的提示了八個識的三種分類及各自的體性。在四阿含諸經中，佛陀説明前六識名爲識陰，又説「一切粗細意識皆意、法爲緣生」，這已説明確有第七識意根的存在，並且意根是無始以來恆存至今的，而這七個識都必須在進入無餘涅槃時全部滅盡的，獨餘第八入胎識（四阿含中説爲涅槃本際）成爲無餘涅槃；若在無餘涅槃中沒有入胎識獨存，阿羅漢滅度後當然就成爲斷滅境界了；假使否定這個無餘涅槃中的本際，我見與我執就無法確實斷除了，因爲一定會墜入斷滅的疑慮中。而大乘經中也處處説有第八識如來藏的存在，由大小乘聖教及禪宗眞悟祖師的理證上來看，十方諸佛的本際正是這個第八識心體，所以大乘禪宗明心時證悟的當然也必須是這個第八識心體，淨土宗的實相念佛所觸證的也同樣必須是第八識心體。準此，成佛之道入門之義明矣！淨土的眞實義與究竟義亦明矣！

禪淨圓融

2

目錄

禪淨圓融 自序

大乘宗門正法之弘揚，自古惟艱，非獨今日。若演示教門，依文解義，能以意識思惟得解者，眾生多能理解信受，故護持者眾。若專弘揚宗門正法，佛子雖眾，能信受者百中無一；利根淳厚者少故，聰明尚慢者多故；善根福德者少故，性障深重者多故。

自古以來多有祖師見道後，出而弘揚宗門正法，然順遂者少，阻逆者多，此土眾生剛強難化故。每有祖師因此求生 釋迦世尊、彌陀世尊之實報莊嚴土蓮花化生，或生 彌勒內院。捨報乘願再生此五濁惡世者轉漸稀少，是故愈近法滅之期，宗門正法之弘傳愈形困難。真悟之同道愈來愈少，解悟錯悟之人愈來愈多，眾口鑠金，群起圍攻，真悟之人少有奧援，處境惟艱，如 佛預記，絲毫不爽。此乃眾生福薄障重所致，不得怨怪祖師不來。

末學弘揚宗門正法亦復如是，篳路藍縷，步步艱難，必須忍辱負重，方能稍有所作。外有不明內情之人隨退轉之人以道聽途說而施人身攻擊，內有部分性障深重之同修各執己見，處處掣肘。過去世之歷史，今生一再重演。此雖宗門家醜，吾亦不懼錯悟無智之人藉此對吾作人身攻擊，故不避諱隱匿，仍依過去之作風而公諸於世，令知末法現象本來如是，不應怨嘆諸祖乘願再來者漸少。眾生若能虔誠供養三寶，廣修福慧，消除見慢，得度因緣具足時，諸祖必然乘願而來。若不向自身三業淨修而多疑見慢者，怨嘆末法時諸祖不降，復有何盡？

世尊大慈大悲，以三界導師之尊，降生於此五濁惡世，與剛強少福眾生週旋同住，末學多生以來不斷效法學習。惟千年弘道，見諸同修與千年前無有多少差異：多疑者、尚慢者、矯辯者，時至今日依然多疑、尚慢、矯辯，以致迄今未能見道，仍如往昔不信末學，雖有名聲、財富、眷屬，難了生死。復有部份人，信不具足，仍如昔世不能安忍如來藏之無生，乃因月溪法師邪見著作之惡緣，棄如來藏如敝屣，而追求執著有境界法、有所得法中之妄心為真，失無生忍。因此亦障礙不明內情之人，卻步不前，不敢修學宗門正法，令人不免感嘆眾生福薄如是。

復以宗門正法極難證悟，若無真善知識指導，欲求悟道，難逾登天。末學此生破參雖易，然觀諸同修悟道過程，若非末學施設無相念佛功夫及諸善巧方便使其成就看話頭功夫，並開導正確知見方向，欲求見道，極難可得。我諸同修頗多利根之人，尚且如是，一般佛子欲求見道，其難倍增，不言可喻。

《大集月藏經》佛云：「我末法時中，億億眾生起行修道，未有一人得者。」道綽禪師云：「當今末法，現是五濁惡世，唯有淨土一門可通入路。」又云：「又復一切眾生都不自量：若據大乘眞如實相第一義空，曾未措心；若論小乘修入見諦修道，乃至那含羅漢斷五下、除五上，無問道俗，未有其分。」印光大師亦再三開示此土見道、修道極為困難，鼓吹念佛求生極樂，末學如今深感其言真實，無有絲毫懷疑。

竊惟末法之世，佛子既無禪定功夫，不能伏惑；復因障重疑深，即使見道真實，唯有見地，難斷思惑，少諸解脫功德受用。復思明心極難，見性又復倍難。此土眾生至末法時，聰明無智、見慢深重、寡信多疑者甚多，「不能信離諸覺觀第一義諦」之如來藏，若為明示，即生誹謗。末學再三指陳悟道之途，復以許多同修之見道報告，顯示破參及見性之過程，寡信眾生猶未之信，況能修學、悟無生忍？

為有上述諸情，一則感嘆此土眾生福德淺薄、多疑寡信、剛強難化；二則思於佛子再作利益，乃倡禪淨圓融之說，鼓吹禪子求生極樂。仰惟釋迦世尊及　彌陀世尊大慈大悲大願深恩，使我禪子因往生極樂淨土故，或速除性障早得解脫、或速明心證無生忍、或速證無生法忍得意生身，而得乘願不離極樂迴入娑婆，以大悲心暨大威德而住持　世尊正法，此乃末學提倡禪淨圓融，弘揚禪淨修學法門之緣起。伏願佛子善自體解，禪淨互攝，圓融修持。莫再以禪毀淨、以淨非禪，四眾凝聚誠心，護持　世尊正法，冀使末法中一髮所懸之宗門正法命脈，得以綿延不斷。茲因情移勢易，不得不改變多生以來之願力，乃對眾宣示：

我蕭平實，謹以護持及弘揚諸佛宗門正法之功德，迴向往生西方　阿彌陀佛極樂世界，速證無生法忍，不違安養世界而迴入娑婆住持宗門正法，仰唯 釋迦牟尼佛及 阿彌陀佛，此遣彼迎，圓滿我願！

南無大慈大雄本師釋迦牟尼佛！

南無西方極樂世界阿彌陀佛！

南無大慈大悲觀世音菩薩！

菩薩戒子　蕭平實　謹序

時惟西元一九九六年隆冬

再版序

《禪淨圓融》初版五千冊，於西元一九九七年七月起發行；於今將屆二年，應須再印，乃予重閱，發覺應予重新排版，改以再版發行，其故有五：

一者本書原係演講錄音整理而成，極口語化，本無出書之意，後因普眼法師及劉碧麗師姊之發心整理成篇，乃予發行。今日依道種智重新檢閱，發現有小部分細節應稍予修正；並應於智者大師四教判果之小謬，而就初見道修至初地通達之過程加以補述，佛子方能明解別教七住初見道菩薩與初地見道通達位菩薩之差異，則易迅速進道，不以開悟為足。是故不應以原版重印，應予修正及補敘後改版印行。

二者初版中對於他人之推崇，於今簡別之後，發覺余於昔年誤信他人之極力推薦，未經親自證實便予取信推崇，實有大過。今既察覺言過其實，應予刪除；爾後皆應親自證驗真實後方予取信。

三者初版附錄一中，傳敬師姊所編《師尊而後道顯》等典故立意雖佳，然因彼與元覽居士交往密切，信受其言；今者自之所言而自悖之，不宜復留彼文於此書中面世，已失「傳敬」之旨故，應予刪除，唯保留佛說《善恭敬經》以貽佛子。故應重新排版，改以第二版印行之。

四者為欲彰顯眼見佛性及明示眼見佛性必須定力，故另選擇三篇見性之見道實錄附錄於內；令末法佛子知悉見性必須定力之道理，遠離一般佛子以知解佛性為見性、墮於妄知妄覺之中而倡言佛性不能眼見等謬說。佛子若信此三篇見性實錄，能如實修學定力故，終能眼見佛性，便信《大般涅槃經》佛說眼見佛性為誠實語，獲得眼見佛性之功德受用。今以改易見性實錄故，應須改版。

五者本書初版乃正智出版社之首次出書，編排經驗不足，致使讀者閱覽時多所不便，今予重新排版，並改初版一百磅道林紙為較薄之七十磅印行，便於讀者反復閱讀，故應改以第二版印行，不宜初版作第二次印刷。以此五緣，本書應予重新排版印製，因述改版緣由如上。

茲以二年來　世尊之加持，令余道業增長迅速，乃重新迴向曰：謹以護持及弘揚大乘正法功德，以及此界所證無生法忍道種智功德，迴向往生西方　阿彌陀佛極樂世界，速證「如幻三昧如實覺知諸法相意生身」，不違安養世界而迴入娑婆，住持大乘了義正法，盡未來際；仰唯釋迦牟尼世尊及　彌陀世尊、此遣彼迎，圓滿我願。

大乘末法孤子　**蕭平實**　謹識

西元一九九九年初夏序於喧囂居

第三版　略序

本書於一九九七年初版印行五千冊，於二〇〇三年改版後，又印行一、二刷計有四千冊，今時已經都無庫存，應該再行印刷了！但因預計大陸將來出版的需要，必須整理為文字檔案備用；然而此書當年係由打字行代為打字及排版，使用的是畢昇軟體，如今已與一般電腦不能相容，其磁碟檔案已不能使用，只能重新打字，當然必須重新排版；乃藉此機會重閱，發覺當年整理出來的文稿中，仍有許多口語不順之處，都應重新加以潤飾，使其較為流暢；而其中仍有許多太過文言之處，為應時代狀況，都宜改為口語化之語詞，其餘言詞皆不變動之。由此二緣，應予重新製版印行，故有此第三版印製之舉。今乃作此短言，以述第三版印行之緣起。

佛子　**平實**　簡誌

公元二〇〇六年五月　於竹桂山居

第一章　略說祖師禪

第一節　緣起

各位菩薩們！

阿彌陀佛！（眾答：阿彌陀佛！）

今天很榮幸有這個機緣來到十方禪林，跟大家探討一點兒佛法；但是如果說我今天所講的就是佛法，也是有點兒稍嫌誇大其詞。因為假使真的要講是佛法，畢竟只有 世尊才有資格講。但是 世尊應身入滅很久了，現在化身也不是時時刻刻出現在人間，所以還是要我們這一些凡夫俗子們多多少少來講一些，和大家討論討論。

禪林邀請我來做一場演講時，原先我也沒想到要講什麼？念頭一轉，就想到「禪淨略說」的題目。因為個人有一些感觸，看見台灣佛教界普遍存在一種不好的現象，是修禪法的人往往批評淨土法門是劣根人所修，而修學淨土法門的人又往往批評修習禪法的人是狂禪，或認為末法時不可能開悟，不應修禪。這些人往往落入二說之中。

所謂「二說」是說往往有人這樣說：「是菩薩應學，是菩薩不應學。」但是我們修學佛法時不應有這種觀念，因為不管是哪一種法門都是 佛所講的。如果偏在一邊，執著其中的一個法門而批評另外一種法門，那就好像拿 佛的右手來打 佛的左手一樣。所以不應當偏執一種法門，而誹謗另一種法門，因為這些法門都是 佛所講的，每一個法門都是適應不同眾生的需要而說的。

禪與淨土是中國佛教界最重要的兩個主流，而這兩個最重要的主流互相批判，那就會毀壞佛法，所以就想到跟大家討論「禪與淨土」，希望把禪與淨土做一個圓滿的融合。從此以後禪與淨土互相配合、禪淨修學，可以互相助益，相得益彰，所以在前幾天臨時決定改個題目，和大家討論「禪淨圓融」這個題目。既然是禪淨圓融，那我們就應當先瞭解什麼是禪？什麼是淨？然後才能談到如何圓融。

第二節　祖師禪即是般若——智慧

首先講「禪」。什麼是禪？自古以來，禪師說禪時都不是像我們這樣說的。但是我不認為自己是禪師，也不認為自己是法師，也不認為自己是老師、是居士，什麼都不是！像這樣講的時候呢，卻又像個禪師。

雪竇重顯禪師有一次上堂，進了堂，還沒上座，他就講了：「如果要說禪這個本分事的話，我雪竇進堂還沒上座之前，本分事諸位應該就要知道了。會麼？有什麼人道得麼？」結果沒有人說話。不得已，雪竇禪師上堂坐定，手指在空中一畫，就講：「諸人隨山僧手看，看我這個手指頭，十方國土、十方世界都在老僧指頭上現前。」又交代：「諸人隨山僧手指看哦！」那麼這個已經是落到第二句了。

如果是第一句，譬如有位禪師問云：「你是哪一國人？」「我是朝鮮人。」禪師說：「你正要離開朝鮮，準備上船的時候，我就該給你一棒了！」那並不是說「禪不可說」，而是說「禪是個密意」，不能明說，因為明說會害人。那麼禪究竟是什麼？我剛剛講過兩個公案，連同我進來的時候已經好幾個公案了，在座諸同修中有許多位是隨我前來聽講的，是已經知道了的！這意思是說，禪並不是在語言上，也不是在文字上，當然更不在剛剛這一則公案的這一個指頭上。可是要會禪呀！真是難。

「禪」，它的本質並不是一般人所想的、很玄妙的東西，它是最平凡、最實在，所以我出來度人時時就取名叫作蕭平實。有些同修跟我說：「平實者平等實相也。」那是給我戴高帽子。實際上禪是很現成的、很平凡的、很實在的。但是從這個平凡與實在之中，卻顯現出無比的智慧，顯現出真實的解脫，顯現出究竟的涅槃，這才是禪。可是這樣子講的話，禪到底又是什麼？從名相來說，禪就是「般若智慧」。

一般人常常錯會，把禪當作是禪定，其實禪是智慧；從 世尊在靈山拈花微笑，迦葉尊者破顏微笑，一代代傳承下來的禪，其實就是智慧法門，不是禪定法門。

禪定法門必須透過心法上長時間的用功修行，次第而證，不是一念相應而得，而且標的是意識心自己的境界。然而「禪」卻是一念相應而得，所以「禪」是智慧，不是禪定，而且所證之標的是第八識如來藏，不是意識心自己的定境。如果「禪」是禪定的話，當初 世尊拈花微笑、人天罔測的時候，迦葉尊者不可能一念相應便得。既然是一念之中便能相應的，那一定不是禪定，所以禪是般若。

但是世尊拈花微笑的時候，這個教外別傳，究竟說了什麼法？若道祂有所說，祂明明未說；若道祂拈花微笑是無所說，迦葉菩薩為什麼卻一念相應就悟了？所以無門慧開大師講 世尊在靈山會上拈花微笑的故事時，說 世尊是「掛羊頭、賣狗肉」。

有人這麼說：「世尊在靈山會上拈花微笑，以及我現在喝茶，都是一樣的。」如果到這裡打住，那可能就沒錯，我們也不能憑這句話就分辨他；可惜的是，他後來又畫蛇添足，說：「同樣都是清清楚楚、明明白白、處處作主的這一念心。」這一講，馬腳就露出來了，這叫作似是而非，世尊拈花微笑且不是這一念心哦！一般人總是落在他手上的花，誤以為能看的心便是真心，可是迦葉尊者相應的卻不是這個心。

有一次月溪法師在香港開示，他上了堂，舉起一支拂子就說：「諸人！十方世界國土都在我拂子上現前。」如果這裡打住倒也對，偏偏他又說：「諸人欲會麼？識取拂子。」叫人家從拂子上去會，如此就錯了。前半段倒是對了，因為學祖師裝模作樣誰都會嘛！但是接著把自己的東西講出來的時候呢，就錯了！他落在拂子上。（平實補案：這就是岩頭全豁禪師所斥責的「迷己逐物」）

首山省念禪師最出名的是竹篦，凡是有人進門來，他拈起竹篦就打。但是有一天卻拈起竹篦說：「若喚作竹篦則觸，不喚作竹篦則背，喚作什麼？」你如果說它是竹篦，那你就跟禪這個實相牴觸了；你若不說它是竹篦，那你又說錯了，你要叫它為什麼？所以又說：「若喚作竹篦，舌頭墮地。」所以禪這個東西，真不是東西，真難會。

不過諸位也別太灰心，因為「禪」，許多祖師都說它是「金屎法」——不會如金，會者如屎。不會的人把禪當作黃金一樣寶貴，會的人卻覺得如屎一般賣不了一毛錢。那就是說，禪不在閑機境上，禪不在那一朵梵天供養的青蓮花上，禪不在拂子上、不在指頭上，也不在竹篦上面，諸位可不要中了祖師的圈套。你如果問我：「什麼是禪？」我就用手指在空中寫個「無」字，寫完了就一掌把它緩緩托出：「這個就是。」不會的人照樣還是落在閑機境上。

所以說，禪既然是在一個很短時間就可以一念相應而得的，可見不是禪定；因為禪定是必須經過一段很長時間的修學才能次第成就的，禪卻是從一念相應而來，所以禪是般若、禪是智慧，不是四禪八定的行門與內容。禪的明心，悟了並沒有境界，可是很多人誤以為悟了就有神通、可以到處飛行，就有宿命通、他心通，他們錯了。禪是智慧，而那一些神通是從定的修行以後再加修神通加行而得的。禪定所得都有境界，不是開悟；開悟是一念相應、證得實相，這個實相是無所得、無所有的境界，但是開始出生智慧了，有智慧的緣故就方便說為智慧境界。

但是，禪除了明心開悟以外呢，還有重關的眼見佛性。這個見性，見得分明的時候，就會有一種很強烈的覺受，是有境界的，當下會感受到很強烈的解脫覺受。但是見性，有人只見得片段，也有人一念相應見得一剎那之後就消失了；可是也有人見性成片，一切時、一切地都能見得清清楚楚、了然分明。這種見性，須要具備慧力以及定力，缺一不可；此外還要加上福德莊嚴，如果沒有大福德來莊嚴的話，就沒有因緣時節可以眼見佛性。所以見性乃至破初參的明心，都須要有福德莊嚴。以上是簡略的說禪。

第三節　略說般若禪

以下略說禪應如何修行。那就先要明白「明心」是明什麼心？明心就是：對於宇宙萬有的本源——一切有情眾生的生命本體、萬法的根源，能夠真實瞭解，證實祂、明白祂，那就是明心——禪宗的開悟。見性則是親眼看見這個生命體的根源——我們的真心另一方面的體性。但並不是在別相上、而是在總相上見，這叫作眼見佛性。

學禪求開悟明心，必須要有正確的知見。很多人錯誤的以為這個能知能覺的妄心修行清淨以後，就會成為真心。在國內以及國外來的許多大師們，總是這樣錯誤的認知，然後就想把這一個能知能覺的妄心修行清淨而變為眞心，也教人如此修禪。但實際上這個妄心是七轉識和祂們的作用，即使修到成佛，祂們還是七轉識合成的妄心，仍然不是真心，所以不要錯把妄心當作真心，也不要期望將妄心修行清淨以後，將來妄心會變爲眞心。

真心是另外一個真實心，祂從來跟我們的妄心七轉識同在一起，是真妄和合運作著。妄心永遠不可能變為真心，真心非覺非觀，真心遠離六塵中的見聞覺知，絕對不是覺知心、離念靈知。有的善知識跟徒弟說：「我們課誦的時候，那個專一的心，沒有雜念的心就是眞心。」但是這個說法錯了，因為《維摩詰經》明明說：「法離見聞覺知。」說真心非覺非觀，所以真心不是這個心。

有人說：「四十二章經講：人命在呼吸間。所以眞心就是呼吸。」但是，呼吸不是真心，因為《大集經》講：「非出息、非入息。」有人說：「一念不生的時候，靈明覺了、寂而常照的心是眞心。」但是，這個心落在覺觀境界裡面，《解深密經》說：「第一義相離諸覺觀，覺觀是名世間境界。」

近年又有大禪師講：「清清楚楚、明明白白、處處作主的心就是眞心。」（編案：當時平實導師是指惟覺法師）但是清清楚楚、明明白白的心是意識心，處處作主的心是末那心，還是七轉識合成的妄心。我們破斥了許多錯「悟」以後，有人就主張說：「入定的時候，那一個能看的心就是眞心。」可是那個心也不是，因為那個心還是不離覺觀境界，仍然是意識心。有的人說：「虛空中的一種無所不在的能量，或者殊勝的體性，那就是眞心。」但是那也不對，那是勝論外道的說法，是憑空想像而建立的，世尊在《大般涅槃經》和其他唯識經典中，早已破斥過了。

有人說，真心就是虛空，一無所有，因為經上講了嘛：「眞如猶如虛空，是無所有、無所得境界。」但他是誤會經文而落到頑空裡面去了，所以也錯了；如果真心是虛空，一無所有，那就變成斷滅，跟斷見外道一樣。

有的人說：「眞心從來是常，永遠不變異。」如果真是這樣的話，那我們未來要如何成佛？因為經上講，真心本性清淨而有染污種子。如果祂永遠是常，常則不變異，不變異就不能受熏染，不能受熏染則清淨法種就無法熏習成長，染污種子就無法修除滅盡，那就不能成佛，所以不能說真心是常。

有時候經裡面說「常」，譬如《楞伽經》講「如來之藏常住不變」，是因為這個本體從來不壞，所以講常住不變。可是心體本身常住不變裡面，有祂所含藏的七識心種子生滅變異的現象—是真心中有一切種子的生滅變異，所以真心非斷亦非常。應當是非有變異、非無變異，非有作用、非無作用。所以真心非知非不知，非覺非不覺，不落兩邊，這才是真正的中道實相，但真心的知覺卻不是在六塵中運作的。

那麼這樣越說，可能大家就越糊塗了；如果沒有真正悟得這個真心的話，說得越多可是越糊塗、越弄不清楚；但是證得真心的時候，兩邊都通，好親切噢！

所以明心很難，自古以來就很難；多少座主講經說法數十年之後，進了叢林參到老、參到死，一無所悟，來生又重新再來參禪。自古以來就是這樣，不是現在才這樣的，所以明心非常困難。

可是禪師悟了以後為什麼不肯明講？因為　佛交代不可以明講。有很多人說：「悟，是說不出來的，說得出來的就不是眞悟了。」（編案：這是聖嚴法師常常說的話。）其實不對，任何一個真正開悟的人，都可以用三言兩語就把所悟的真心說得清清楚楚，有時候他不用語言也可以說得很清楚，但是為什麼自古以來都不許明說呢？因為這是佛世尊的無上甚深密意，如果明說，眾生不敢承擔，就會公開講出來誹謗；而誹謗正法的結果只有一條路可走——捨報之時下地獄。

所以祖師都說：「向上一路，千聖不傳；學者勞形，如猿捉影。」彌勒菩薩也這樣講：「眞如佛性，是佛世尊無上甚深密意，是故不說。」那我們當然更不敢明講，有因緣的人來，參了自然會得到；方向正確，知見正確，自然能得，不然始終不得。

明心難，可是見性更難呀！見性不是感覺，更不是六塵中見聞覺知的六識自性，很多善知識都弄錯了！這中間的差別很微細，可是眼見與沒有眼見之間的差別卻很大，因為所見的並不是六識的自性。很多人落入能見能聞能覺能知，落入感覺裡面，而把感覺當作是佛性；因為佛性的答案，如今在台灣已是滿天飛了，但是知道佛性的答案並不代表就能看得見，不代表就是證悟佛性，只是解悟佛性的意思而已，難免會落入六識自性中。想要見佛性，必須先明心，真的明心以後，再從真心直接的體性去體驗，才能看見佛性，這是一般的過程。

佛性的看見，必須眼見為憑，這就必須要有定力，但是定力很強並不一定就能看得見佛性。《大般涅槃經》佛說：「聲聞緣覺定多慧少，以是因緣不見佛性。」如果完全沒有慧力，那也根本看不見佛性；想要看見佛性，除了定力以外還要慧力，所以 佛說：「十住菩薩眼見佛性猶未了了，以首楞嚴三昧力故，能得明了。」因此，我們一直在倡導《楞首楞嚴經》的首楞嚴三昧，我們倡導第二十四種憶佛念佛的方法，這也是首楞嚴定的一種；修學這個功夫以後，看見佛性時就能了了分明。

但是有的菩薩修到九地時還不能見性，那是聲聞緣覺的種性迴心轉修菩薩道的人，定多慧少，他要等到眼見佛性時才能進入第十地。定慧相等的話，完全圓滿具足，那就像 佛一樣，所以說：「諸佛如來眼見佛性，了了分明，定慧等故。」因此要見佛性，必須要有定力和慧力，這是見性的必要條件。

第二章　略說淨土法門

第一節　淨土略說

禪大略說過了，接下來講淨土。什麼叫作淨土？淨土有常寂光淨土、實報莊嚴淨土、方便有餘淨土、凡聖同居淨土。諸佛自證聖智境界，那是常寂光淨土；地上菩薩所住，以及地上菩薩往生諸佛淨土以後，蓮花化生所住淨土則是實報莊嚴土；聲聞種性所證涅槃，以及聲聞種性的人往生諸佛淨土中，所住的都是方便有餘土；我們人間所住的則是凡聖同居土。

我們這個人間有凡夫菩薩、也有聖人，但是我們遇到證果的聖人時，我們不知道，因為他臉上沒有寫著「證果」，或是「三果、四果」。在極樂世界，每位菩薩所證的果位境界，大家都心知肚明，誰也瞞不了誰；但是我們這裡不同，從表面上是看不出來的。那就是說四種的淨土各不相同。

而在一般佛子，或者一般善知識所謂淨土的修行法門，其實他們不是講淨土，而是講持名念佛往生極樂世界。但是實際上淨土法門並不只是這樣，我們也常說：「佛法上的一切修行法門，都要匯歸於禪與定，而一切佛法法門修行的結果，都要匯歸於淨土。」所以淨土這個法門並不是只有持名念佛而已，但是以持念 阿彌陀佛聖號求生極樂世界為主要的代表，這是最符合當代念佛人根器的。

第二節　念佛略說

既然念佛是淨土法門的主要內容，那就必須先明白什麼叫作念佛？我們想學念佛法門，就需要先瞭解什麼是佛？佛是究竟覺悟者，祂具足了四念處、四聖諦、四正勤、五根、五力、七覺支、八正道分等三十七道品，以及四無所畏、四無礙辯、十力、十八不共法等。佛斷兩種障：一個是煩惱障，另一個是所知障，具足證得兩種無我：人無我、法無我。佛成就一切智智，也就是一切智、道種智、一切種智，這才是佛。如果這些功德不具足，就不能稱為成佛。

我們念佛是念什麼？念佛不是只有一句聖號在心中繞著轉而已。念佛法門有很多種，持念佛的名號是一種，憶念佛的名號所生的功德，也就是現在一般所謂的本願念佛，是另一種（平實補案：但是不可以隨著他們錯誤的認知而排斥　彌陀的其他諸願）。還有念佛的功德，這叫作憶念思惟；又如念佛的相好，譬如《觀經》講的十三觀；再如念佛的勝願，譬如阿彌陀佛的四十八大願；還有念佛的淨土莊嚴，譬如觀想極樂佛土世界的依正莊嚴；至於念佛法身，這叫作實相念佛；還有體究「佛是什麼？」這叫作體究念佛，也是念佛。

這些法門的修行，可以大略舉出來：從持名念佛開始，然後心念心聽，心念心憶，無相念佛，體究念佛，繫念思惟念佛，觀想念佛，以及無所緣念的念佛，那叫作實相念佛。無所緣念的念佛並不是無記喔！

此外，譬如出去當老師或者身為法師，為大家說諸佛的殊勝別願和共通的大願，宣說諸佛淨土的莊嚴，乃至說佛如何加持凡夫菩薩、初地菩薩、七地菩薩、十地菩薩等等；宣講佛境界的功德——譬如為大眾講解《佛地經》，以及解說佛所說的一切經，乃至一般的課誦、拜願、持咒、打坐修定等等，一切法莫非念佛法門；因為這一切法的修行，目的都在成佛；而成佛不能離開本師佛，不能離開阿彌陀佛，不能離開十方一切佛，心中總是有佛存在的。如果真正會念佛的話，乃至淫怒癡也是念佛法，這就包括念自性佛、念十方佛了！

第三節　一切佛子皆應念佛

我們念佛是念什麼佛？其實念佛應當是念法身佛；可是法身無形無相，一般人要如何念？那我們就透過佛的名號、佛的形相，然後進一步到無相念佛、實相念佛，所以念佛有很多種層次差別不同。

佛——大致歸類為六種，稱為**六即佛**：理即佛、名字即佛、觀行即佛、相似即佛、分證即佛，到最後的究竟即佛。但我們念佛應該念什麼佛呢？因此我們說，禪宗所謂的見性成佛，只是在分證即佛或者相似即佛的階段而已。念佛應當念究竟佛，那什麼是究竟佛？將我們剛剛講過的六即佛，詳細去思惟整理就能明白。因此，既然佛的本體都相同，那我們念一尊佛就等於念十方一切佛。我們修學菩薩道，求成佛，那也是念佛呀！所以說一切修行的法門莫非是念佛法門，只是念佛的廣義、狹義的定義不同而已。

我們也常說「一切菩薩都應該念佛」，因為菩薩念佛能夠得佛加持，能夠迅速成佛。我們常常聽許多同修說，在悟道之前得到佛或大菩薩的加持幫助，包括我個人在內。我今生在破參之前也一樣，得到佛菩薩的加持，所以一切佛子都應念佛、念觀世音菩薩。

請大家不要誤會，以為悟了就是佛，除非你這一世悟前是最後身菩薩。悟了只是見道——是資糧位、加行位之後的見道位。資糧位之後有個加行位，加行位之後是見道位；見道位包括通達位，通達位之後就要進入修道位，還是須要佛加持。那麼，即使修入初地而進入修道位了，還是要佛加持；初地菩薩進入大乘照明三昧，「十方諸佛爲現一切身面言說」，才能獲得無漏有為法的功德，能到他方世界去，這也是佛加持。沒有得到這種加持，就只能有智慧而沒有這種有為法功德。

修到七地斷盡一念無明，他準備要取涅槃，但是十方諸佛不懷好意的來了，說：「你不要取涅槃呀！我給你一個三昧，爲你加持、傳授這個三昧，勝過你七地之前所得的一切三昧，叫做『引發如來無量妙智三昧』。」七地菩薩一聽，說：「好啊！」就學了，學了就中計了——不能入涅槃了——因為不想入涅槃了，因為太好了！然後就進入第八地，在第八地中修得如幻三昧，得意生身。

修到十地時還是要佛加持，十地菩薩住於色究竟天的大寶蓮華莊嚴宮殿，還要十方一切十地菩薩一起來為他灌頂加持。那些十地菩薩為什麼知道要來幫忙呢？因為是佛的神力建立啊！

乃至到等覺位，還是得念佛呀！《大勢至菩薩念佛圓通章》開宗明義講：「大勢至菩薩與其同倫五十二菩薩，從座而起，頂禮佛足……。」為什麼與五十二菩薩一起從座而起頂禮 世尊？為什麼不是三十位、八十位，而是五十二位呢？也就是說，從十信位到十住、十行、十迴向、十地、等覺、妙覺，統統要歸依佛、憶念佛，因此菩薩要念佛。念佛修行的人，成佛才會快，所以悟後千萬不要起慢心。

第三章　禪淨簡擇

第一節　禪——在堪忍世界求悟

接下來我們要進入今天的主題，講「禪與淨的簡擇」，因為這是「禪淨圓融」的一個重要部分，我們把它分成四個部分來說；但在講這四個部分之前，我們要先說明前提：禪淨的簡擇所講的禪，是以在娑婆世界求悟作為代表。

我們這個娑婆世界，有百億四天下、百億四天王天、百億忉利天、乃至百億色究竟天。娑婆的這麼多世界，難道只有禪而沒有念佛法門嗎？有！不是沒有。

猶如　釋迦世尊在這個世界讚歎　阿彌陀佛的極樂世界，讚歎十方諸佛的世界；十方諸佛亦然，同樣也讚歎釋迦世尊的世界；只是十方諸佛一向都不自讚毀他，不讚歎自己，也不誹謗任何諸佛。反過來都讚歎十方一切諸佛，不讚歎自己。有時候怕眾生對自己所親近的佛有所誤會、生輕蔑心，因此會點一下，但也只是點到為止。譬如《佛說阿彌陀經》說：「十方諸佛也讚歎我釋迦牟尼在五濁惡世度化眾生，爲寡信眾生說這個不可思議的念佛法。」只是點到為止。

因此，其實娑婆世界也有念佛法門，十方諸佛也讚歎娑婆世界 釋迦牟尼佛，教眾生要往生娑婆世界 釋迦牟尼佛的實報莊嚴土，也教導佛子應當如何念 釋迦牟尼佛。但這不是我們之所能知，經上也沒有明說。因為這個緣故，我們以禪作為娑婆世界修行法門的代表，而不說是念佛法。

第二節　淨土——求生極樂世界

淨土法門則以憶念　彌陀世尊、求生極樂淨土為代表。為什麼以求生極樂淨土為代表呢？因為這法是　釋迦世尊不請自說的緣故；必定有特殊的道理，才會不請自說。而且　彌陀世尊大慈大悲無與倫比，對我們這個世界的眾生幫助很大，所以　世尊不請自說，我們就以「念彌陀世尊求生極樂」作為淨土法門的代表。

因為西方三聖與娑婆世界的眾生有很深厚因緣的緣故，而西方三聖和極樂世界的功德不可思議的緣故，所以我們以「念阿彌陀佛、念西方三聖、求生極樂世界」來作為淨土法門的代表。所以，我們今天便以禪作為娑婆世界修行法門的代表，以求生極樂來代表淨土，而說「禪與淨土的簡擇」。前提表過，我們就要談到關於**速行道與緩行道、易行道與難行道的簡擇**。

第三節　禪淨法門之速行道與緩行道

古來祖師們常常說，娑婆世界修行是速行道，但亦是難行道。又說，求生極樂世界是易行道，但也是緩行道。但我們認為這樣的說法有所偏頗，我們將從不同的角度、但有經典的依據，來作不同的說法，要將禪與淨土的法門作一個融合。

第一目　於堪忍世界學佛是速行、易行道

我們先來說明娑婆世界的速行道與易行道。在娑婆世界的修行為什麼是修行很迅速的修行法？說禪這個法為什麼是速行道？為什麼又是易行道？我們一開始就講「參禪很難」，還沒有悟的人也是丈二金剛摸不著頭腦，為什麼又說是易行道呢？我們娑婆世界的修行法門，以禪和定為主，在這世界修學禪與定，如果有因緣的話就很迅速，能夠很迅速

的獲得無生忍，譬如說信力、慧力、福德具足的人，很容易一念相應，他很容易遇到真正善知識，所以他如果能夠除掉慢心，悟道就很容易、很迅速。如果加上他有動中的功夫——定力而不是定境，也能夠很迅速的眼見佛性，因此說娑婆世界是速行道，是易行道。因為禪的法門很迅速，只要一念相應而悟了，他就超越了凡夫地。

而且在娑婆世界也很容易修行，因為在娑婆世界容易修集福德資糧。娑婆世界的眾生求生不易，資糧缺乏。諸位在台北市、臺灣省，覺得生活很輕鬆、很容易，生活資源的獲得非常簡單，但是我們想一想：美國仍有很多人在領救濟金過生活啊！如果是在非洲某些地區，要吃一碗白米飯都不容易；這樣的人很多，所以在娑婆世界生活不容易，有福報的人才能生在台灣。

因為娑婆世界的生活資糧不容易獲得，求生困難，所以我們在這裡作布施是很容易的。如果你到極樂世界去，你能向誰布施？沒有辦法呀！十方諸佛世界，凡屬於純一清淨的世界，都沒有機會讓我們可以修布施行啊！在清淨世界修集福德資糧非常困難，到那邊去，你說要作無畏布施，人家本來就無畏——譬如極樂世界有情眾生都是無畏啊！你能作什麼無畏布施呀？

你說：「**我去那兒弘揚佛法。**」用不著你啊！阿彌陀佛自會說法，祂化現的許多樹呀、林呀、鳥呀、水呀，都在說法，用不著你啊！所以這個娑婆世界法施也比較容易。

這個地方持戒功德大，你去極樂世界持什麼戒？沒有戒可持了？你去到那邊，你就一定清淨了！別人也一樣。心地還不夠清淨的話，蓮花不開嘛！那就不可能離開蓮花而正式生活在極樂世界了！那裡無人可犯，也沒有人會犯你，你持什麼戒啊？所以這個世界容易修集福德資糧。

還有，這個世界因為求生很難，眾生剛強，傲慢多疑，逆增上緣很多，所以我們在這裡修行，斷除一念無明很快，解脫果也比較容易證得，所以這裡是易行道，也是速行道，就看你有沒有下定決心準備要斷盡一念無明。

這個世界劫短，所以我們這裡修行很迅速；我們這個世界的一個大劫等於極樂世界 阿彌陀佛的佛剎一天，所以這裡修行很快，因此我們說：在娑婆世界有這麼多的道理，可以證明娑婆世界是**以禪為主，是悟後起修**的法門，所以是易行道，也是速行道。

我們在這裡要弘揚佛法很容易，對不對？因為佛法難聞。台灣到處有佛法可聞，到了別的地方就難可得聞。而且真正的佛法在台灣也不容易聞，所以在娑婆世界作佛法布施時很容易，修集福德資糧也很容易。

第二目　於堪忍世界學佛是緩行、難行道

但是在娑婆世界修禪、悟後起修，既是緩行道，也是難行道，因為要悟道很困難。難是難在哪裡呢？是因為福德因緣不具足，是因為我們

的信根、信力不具足，也因為我們的慧力及聞思修的知見不夠，加上禪緣難遇——遇到真正般若禪、祖師禪法門的因緣很不容易，很難遇到。

諸位也許不相信我的說法，因為到處都有人講禪嘛！台灣現在「開悟」的人也很多嘛！黃蘗禪師講過：「大唐國內無禪師。」人家說：「諸方知識盡皆聚眾說禪開化，爲什麼道無禪師？」他說：「不道無禪，只道無師。」也就是說，自古以來，自以為開悟的人總是很多，但其實那些開悟者大部分悟錯了；真正悟的人很少，很難得。正法像法的時代是這樣子，如今末法時代的台灣更是這樣，而且更嚴重。

所以真正證道的善知識很難得，所以說禪緣難遇啊！遇到假名善知識的機會非常多，能夠遇到真正善知識的人，一百個人找不到一個人，所以這個娑婆世界修道真的很困難。如果沒有佛菩薩的安排，要很多生、很多劫，好不容易才能遇到真的善知識。如果福德不具足的話，遇到了也不信受，當面錯過，所以在這個世界修禪是緩行道、是難行道。

這個地方要眼見佛性也很困難，因為見性必須眼見為憑——以父母所生眼看見無形無相的佛性——很困難。這不是明心的「見無所見」，必須要能夠看話頭，要能夠功夫成片，才能夠見得分明，這就必須要有動中的功夫了。所以虛雲老和尚常常強調、常常解釋看話頭，常常強調要照顧話頭。在娑婆世界要學這個動中功夫，很難得遇到明師，所以見性也是很困難。因此，若無佛菩薩安排，在娑婆世界學禪，真的是難行道、是緩行道。

在娑婆世界很容易迷失，因為這個地方的五欲外緣太多，我們這個地方的色聲香味觸法，都不離這五欲，不離財、色、名、食、睡。而且男女雜處，一不小心就出軌，所以這個地方不好修；因為一步錯就滿盤輸，就輪迴三惡道去了；到了三惡道，要再恢復人身就很難了。正因為這個地方很容易墮入惡道，所以說是難行道、是緩行道；因為五欲所迷的緣故，很容易造惡；造惡就會失去人身，就很難再得人身了。

而且在這個世界學禪，遇到惡知識的因緣很多，不能說「一不小心就遇到了」，而是說很普遍的會遇到惡知識，往往被人家誤導，他就為你猛蓋冬瓜印。這些「善知識」，他們準備了一大批印章，都是冬瓜刻的，一蓋就爛掉了，這種印證有什麼用處？

此界惡知識太多了，所以我們稍有不慎就被誤導了；誤導了以後，如果有一天遇到真正開悟的善知識，看到他所說的、他所證的，跟我們的意識覺知心不同，那我們被大名氣的惡知識印證了以後，我們就會誹謗人家，說人家悟得不真，說他悟錯了。誹謗人家證悟的正法，成就謗法罪；誹謗真正證悟的人，成就謗僧罪，捨報時就得下地獄了！下去以後想再回來人間，卻是很久、很久以後的事了。為什麼呢？因為誹謗人家所說正法的時候，自己必然也會同時大妄語嘛！說「我悟的才是真的」。悟錯了而說自己真悟，就變成大妄語，那就得下地獄了，一旦下去，要恢復人身，不曉得是多少劫以後的事。

此外，我們說這個世界已經悟道的人，他想要遠離隔陰之迷也很困難，所以往往過去生悟了，今生又要重新再悟；我看見三位過去世的同修，因為疑蓋所障而不能悟，到現在一千年了，他們還在疑，還是那個老樣子。但是我上一世入胎後也迷失了，我今生又要重新再悟。所以在這個世界修禪開悟的人，想要離開隔陰之迷也很不容易啊！所以這個地方修行禪法、修行定法，是難行道，也是緩行道。

此外，我們證悟之後，想要修入初地，必須將近一大阿僧祇劫，從初地要修行到第八地還要一大無量數劫呀！是快還是慢呢？慢得不得了啊！我們悟後想要進入初地無生法忍，是那麼困難，可見在這個世界修行禪與定，真是緩行道、難行道。

第三目　往生極樂世界學佛是緩行、難行道

那我們來說說代表淨土法門的極樂世界：往生極樂世界學佛是緩行

道，也是難行道。因為那邊修行緩慢，往生去極樂世界的人，大部分的人要住在蓮花之中半天乃至十二大劫不等，而蓮花中的那個時間是在極樂世界的時間，那邊的一天相當於我們這邊的一大劫。

上品中生的人在蓮花中住半天（一個晚上），相當於我們這裡的半個大劫，因為那邊劫長，所以需要花費的時間很長。譬如說上品中生，在花胎裡面住一個晚上才開花，開花以後見佛菩薩光明說法，七天以後得到位不退，過一小劫才得無生法忍而進入初地，時間要很久。

上品下生的人住在蓮花中，一日一夜花開而出生，第七天才能見佛，但是看得不分明；猶如我們剛出生時，看見父母親看不清楚，經過三七二十一天才能夠見得了了分明。再經過那邊的三小劫才能進入初地，得無生法忍，時間更久了。

中品下生，往生以後第七天，才能見到 觀世音與 大勢至菩薩，聞法以後證得初果，一小劫以後才能得到第四果。

下品往生的人都是屬於造惡業，但卻是不誹謗大乘、不誹謗菩薩藏、不誹謗正法的人所往生的，他們所需要的時間就更長久了，我們暫時不說他。

《無量清淨平等覺經》卷四中，佛有一段話說：「你們在這個地方行善布施，對人有恩，修學各種功德，能夠不犯我所制定的各種禁戒，能夠修忍辱行，能夠修學一心禪定，能夠修學般若智慧，互相輾轉教化，這樣努力修行而齋戒一日一夜的話，勝過在無量清淨佛國修一百年。」請問：在極樂淨土修行是不是很慢呢？（大眾回答：很慢。）是很慢。

因為在蓮花裡面要住很久，花開見佛以後還不能立刻就見得了了分明，聞法以後的證果所需要的時間也非常的長久。而且那裡五欲的外緣很少，我們很難歷緣對境斷除一念無明種子隨眠，很難轉化真心裡面的染污習氣種子。往生極樂淨土的人，除了上品上生人及中品上生人以外，修行都很緩慢，在那個地方，你想要修布施、持戒、忍辱，很困難啊！沒有什麼因緣讓你修，沒有逆增上緣，福德資糧很不容易累積。

第四目　往生極樂世界學佛是速行易行道

但是我們又說，極樂世界淨土法門卻又是速行道、是易行道；有七個原因我們這麼說：

第一個原因：極樂世界沒有惡緣，所以我們在那邊永遠不會造作惡業——我們永遠不會被那邊的任何五欲所引誘而造作惡業。而且當我們能夠離開蓮花而見佛聞法時，表示性障已經消除了，所以永遠不會再造惡業了。在那邊所有的眾生也都具有他心通、天眼通、宿命通，那你想想看：想造惡業的話，還能造嗎？不能啊！剛一起心動念，人家都知道了，還等你造惡業啊？即使意的惡業都不能造啊！

極樂淨土沒有惡知識的緣故，我們絕對不會跟隨惡知識謗佛、謗法、謗僧，不會誹謗聖人，我們就永遠不會落入三惡道中；不入三惡道，修行就快了。一旦入了三惡道，要再恢復人身就很困難了，更何況修行？所以在那邊永遠沒有退失的顧慮，所以修行容易，所以修行迅速。

第二、如果是聲聞種性迴心的通教菩薩，在這邊是中品上生的話，往生到那裡去立刻聞法，立刻證得第四果，好快喔！至於如何能中品上生？我們待會兒再說。只要你能中品上生，馬上就是阿羅漢啦！真便宜啊！所以說往生極樂淨土是速行道，也是易行道，只要你肯去。如果是明心、見性了，悟得深的人，見性見得分明的人，他往生極樂世界就馬上獲得無生法忍，聞法以後一下子跳到初地去。

在娑婆世界悟後起修，慢心消除，性障消除，所以他的煩惱障很淡薄，他的所知障也打破了，而且一往生到極樂世界的時候，他沒有粗重的五陰遮蓋，他是蓮花化生，再加上彌陀世尊無比廣大的慈悲本願的力量加持，所以一旦往生極樂淨土，當下聞法之後，立刻得到無生法忍，進入初地乃至八地，多快啊！若在娑婆世界，得要修行將近兩大阿僧祇劫才能進入第八地，所以求生極樂淨土來修行，是速行道、也是易行道。

第三、十方無量世界佛國已經證悟的有情，往生極樂世界，見佛聞法，得到初地乃至八地境界的人，最遲不會超過半天。如果在往生前性障消除得很多，在往生前所知障消除得很徹底（當然不可能究竟），消除得很徹底也就是悟後起修唯識一切種智的慧門修得很好，往生後很快就進入第八地。如果這邊悟後起修沒有做，性障沒有除，雖然明心、見性了，往生極樂淨土，親聞 彌陀說法而進入初地，最多不超過半個白天，相當我們這裡四分之一大劫而已，比起我們在娑婆世界辛苦的修行將近二大無量數劫，是不是快得很多呢？快多了！所以說淨土法門念佛求生極樂世界是速行道，也是易行道。

如果悟後能夠具足四禪八定，能夠勤修唯識的經典和論典，能夠深入去用自己所悟的真如佛性引證而獲得道種智、入初地，並且又斷盡一念無明的話，往生見佛聞法，立刻得到八地，相當於我們這個世間也不過幾萬年、幾千年而已；所以悟後必須要繼續修行，必須要斷盡一念無明（但也必須特地發起大願而留惑潤生，以免捨壽時不慎入了無餘涅槃），還要精通唯識的經典和論典，譬如《楞伽經、成唯識論》……等等，藉以熏習一切種智。如果沒有做到這些，往生極樂以後，見佛聞法需要的時間就比較長，才能得到八地。或者半個時辰，或者一個時辰，那也只是相當於這世界十幾萬年或者幾百萬年，但是比起在娑婆世界修兩大無量數劫，那還是快得不得了。修學淨土法門往生極樂，對悟後的人來講，它是速行道，也是易行道，這是 釋迦世尊慈悲，特地教我們撿便宜。

第四、在極樂世界容易修證四禪八定，也容易使我們遠離隔陰之迷；因為在極樂世界沒有粗重的五陰來遮蓋我們，而且在極樂世界不須為生活而奔忙，容易修習禪定。我們在娑婆世界，每天上班八個鐘頭，星期天要陪先生（陪太太）去郊遊，不然人家不高興，是不是？在極樂世界沒有這些煩惱，因為沒有男、女相，都是中性身嘛！哪有先生、哪有太太？更沒有子女，大家都是獨立的，沒有牽絆，可以專心修行。

極樂世界環境清淨，非常適合修學禪定三昧，所以去那裡修學禪定三昧很迅速；而且在極樂世界，可以經由 彌陀世尊的慈悲願力加持，使我們本心裡面的功能顯現，三明六通等功能也可以不斷的顯現運作。能顯現運作以後，我們回到娑婆時，就有這個能力，就不再退失，不再有隔陰之迷，所以悟後往生極樂世界是速行道，也是易行道。

第五、上品上生人，或者極樂世界的初地以上菩薩，常常可以見到彌陀世尊。初地以上菩薩見到 世尊時，往往是一聞千悟。不是聞一舉三，而是一聞千悟，所以獲得智慧功德很迅速，而且很容易斷盡上煩惱。上煩惱就是無始無明、修道所應斷之過恆河沙數上煩惱，因此很容易證得修道所應證之過恆沙數一切所應證法，可以很迅速的證得等覺位，所以淨土法門若是在悟後求生極樂世界，就是速行道，也是易行道。

第六、不離極樂能作大施：上品上生人能夠不離極樂世界而作廣大的布施。以法施來講，能度十方有情。以無畏施而言，因為八地以上菩薩具有大威力，能夠在冥冥之中廣泛的利益有緣的廣大眾生，也能夠減少大的天災，這豈不是更大的無畏施嗎？以財施來講，極樂世界的初地菩薩也可以依靠 彌陀世尊的威神力與願力，能在一個早上供養十方無量數佛；而且到八地以上，能以定果色化現有形的食物普供一切有情，因此能夠迅速的累積福德資糧，所以能夠迅速的成佛。可以不離極樂世界而作三種廣大的布施，所以成佛很快，所以極樂世界淨土法門是速行道，也是易行道。

第七、極樂世界劫短：咦！剛才不是說極樂世界劫長嗎？怎麼又變成劫短了？說來說去都是你的道理啊？但我們是有根據而說的。在六十華嚴，卷二十九裡面這麼說：「如此娑婆世界 釋迦牟尼佛剎一劫，於安樂世界 阿彌陀佛剎為一日一夜；安樂世界一劫，於勝服幢世界 金剛佛剎為一日一夜；勝服幢世界一劫，於不退轉音聲輪世界 善樂光明清淨開敷佛刹爲一日一夜；不退轉音聲輪世界一劫，於離垢世界 法幢佛刹爲一日一夜；離垢世界一劫，於善燈世界 獅子佛刹爲一日一夜；善燈世界一劫，於善光明世界 盧舍那藏佛刹爲一日一夜；善光明世界一劫，於超出世界 法光明清淨開敷蓮花佛刹爲一日一夜；超出世界一劫，於莊嚴慧世界 一切光明佛刹爲一日一夜；莊嚴慧世界一劫，於鏡光明世界 覺月佛刹爲一日一夜；如是次第乃至百萬阿僧祇世界，最後世界一劫，於勝蓮華世界 賢首佛刹爲一日一夜。」這樣比較起來的話，極樂世界這個時間是長、還是短呀？還是短！對娑婆世界而言，極樂世界是長劫了；但對其他世界而言，極樂世界又是短劫啊！可見還有許多別的世界的修行時間比極樂世界更長。

從《華嚴經》來看極樂世界，從十方虛空一切世界的觀點來看，極樂淨土的時間也是短劫。我們這個世界真正證悟的人，一旦往生極樂世界，就可以立刻證得初地乃至八地，只不過相當於這個世界幾萬年、幾千年，或者大不了幾百萬年，比起在這裡修行大約二大無量數劫快得太多了。因此我們說淨土念佛法門悟後求生極樂世界，既是易行道，也是速行道。所以我們主張，一切大心的佛子，應該摒棄娑婆世界與極樂世界的難行道與緩行道，也就是摒棄禪與淨土的難行道與緩行道，而應該擷取禪的易行道與速行道，同時也攝取淨土的速行道與易行道，兼修並進，方是智者。

第四節　禪淨法門之簡擇

修學淨土法門求生極樂世界，能橫超三界，不再淪墮於生死中，但是實際上除了上品上生以外，都不容易迅速成佛，所以應當求上品上生。在娑婆世界修學禪與定是求豎超，但是修禪、修定、修證密意，都不容易迅速成佛，應該兼取兩者之長——衡量娑婆世界與極樂世界——禪與淨土的長處，應該兼取其長，這樣才容易迅速成佛。

因此，在我們這個娑婆世界應當求悟大乘的無生忍。菩薩的無生忍和聲聞、緣覺不同，那就是明心、見性。並且悟後歷緣對境去修除一念無明的四種住地煩惱，去修學增上慧學，也就是唯識學的經典和論藏；還要隨分、隨力修學四禪八定，捨報時應當要往生極樂世界面謁 西方三聖，可以立刻獲得無生法忍，證得初地智慧；假使在這裡已經證得初地的道種智了，往生後聞法不久就會進入第八地。

經由無生法忍的獲得，可以立刻發起阿賴耶三昧，再蒙 彌陀本願與慈恩，到了這個境界時就有能力迴入娑婆，來到這個世界的凡聖同居土，也可以來到這個世界的色究竟天宮禮拜供養 盧舍那佛——釋迦牟尼佛的莊嚴報身。若能聽聞 盧舍那佛演說一切種智、說無量百千三昧，就可以很迅速的進入第十地。進入第十地的話，又可以跟 盧舍那佛修學如來禪。

如來禪並不是禪宗祖師們講的如來禪，他們錯會了。如來禪在《金剛三昧經》裡面講：「存三守一：存三解脫，守一心如。」三**解脫**是金剛解脫、般若解脫、虛空解脫。**守一心如**是安住於真心真如的境界，可以發起真心的各種功能。佛地所應有的功能，都可以藉此而修行發起，這才叫作如來禪。這樣就可以很快進入等覺地，乃至妙覺地。禪宗祖師們多數錯會如來禪的真義了。

如果能兼取娑婆與極樂——禪與淨土——的速行道、易行道的法門，那我們學佛就能很迅速的成就，而且也能快快樂樂的，輕易的成佛；這樣的修行方法，可以減少在修道位中無量無數的波折與艱難困苦，而且又能很迅速在世間住持佛法，能廣泛的利益有情眾生，而使得被我們利益的有情眾生，能夠轉而度化、利益更多的有情眾生。

第四章　學般若禪須知

談到這裡，大家一定想：「在娑婆世界學禪這麼好！修淨土法門求生極樂世界也是這麼好！那就應該悟後求生極樂。那麼禪應當如何修？淨土法門應當如何修？」所以我們就要概略的說明一下，學大乘般若禪——修學大乘祖師禪——應該要注意的一些事項，然後再說明修習淨土法門，求生極樂世界應注意的事項。首先說明修禪應注意的事項：

第一、我們必須要修集福德資糧。福德資糧不夠的話，很難聽到真正的禪法，很難聽到真正的般若智慧；即使聽到了也不相信，會當面錯過。所以必須要修集各種的福德資糧：救濟貧困、孝養父母、尊重師長、護持正法、供養三寶等等，都應該做。

第二、必須修學信心。很多人聽到「禪」就嚇壞了，心裡面先自我設限：「我哪有可能學禪！末法時代了，不可能還有人能開悟的。而且我這種根性怎麼可能？」先自我設限。但是菩薩再來者很多，因為還沒有離開隔陰之迷，所以往往小看了自己，妄自菲薄。我們應當瞭解，聽聞禪法而不畏懼，課誦學習《金剛經》而不害怕的人，這一種人，佛說：「當知不於一佛、二佛、三四五佛而種善根，已於無量諸佛而種善根。」所以千萬不要自我設限，對自己要有信心。但是信心的獲得，也要經由一段長時間的多聞熏習才能增強，所以還要多聞熏習第一義知見來增長信心。

第三、還要修學慧學。修學慧學仍然是要多聞薰習，多聞熏習以後，自己要常常思惟整理，去融會貫通。但是禪法所說的智慧，從眼見佛性來說，並不只是限定在佛法上的多聞熏習，還包括世間法的薰習，但不是指惡法的薰習。譬如工巧明等慧力也必須具足，否則就看不見佛性。

第四、要消除性障，降伏我慢。如果性障不肯消除，我慢不肯降伏，那麼往往會落到權威崇拜、學術崇拜裡面去。而真正的禪，不在名聲上，不在權威上，更不在學術研究上。真正的禪法在哪裡？只有真悟的人才會知道。當我們未悟之前，尚未建立擇法眼，所以對於善知識的判斷也都只能隨緣。但是如果有緣遇到證悟的人，他會為你指引。這個人也許遠在天邊，也許近在眼前，也許就坐在你身旁，甚至是你的父親、你的子女、你的配偶，不一定。因此必須要把性障消除掉才不會胡亂疑心，要把慢心消除掉才不會被表象所遮障。

第五、必須修學動中功夫。那就是修學虛雲老和尚講的看話頭。我們看到現在台灣佛教界，有很多有名的道場在打禪七，有時我們問他們：「你們參話頭時如何參？」他們說：「我們七天就是坐在蒲團上問自己：我是誰？或者念佛是誰？或者參禪是誰？」這樣去找答案。這是普遍的現象。

但是虛雲老和尚說，那是自問自答，意識思惟。因為當你把一句話「念佛是誰？」從嘴巴唸出來，那就已經過去了；話既然已經過去，你就是落在話尾了，落到那句話的尾巴。當這一句話在心裡面或大腦裡唸出來：「念佛是誰？」你的心就落在那句話的後面了，那叫作話尾。虛雲老和尚舉例說：「譬如阿彌陀佛是一句話，阿彌陀佛這句話還沒出來之前，叫做話頭；這句話出來了，過去了，就落到話尾去了。」

譬如打禪七，有位師兄去打七週的禪七，一個禪七才剛打完，不久又接著再打第二個七週的禪七，這樣連續共九十八天，都是這樣自問自答，結果被大禪師印證為開悟了（編案：這是講惟覺法師主持的禪七）。他是不是真悟了呢？不是！他落在意識心裡面，但是他被大禪師印證為開悟了！（編案：這位師兄後來在正覺同修會的禪三中，已經親證如來藏了）這就是說，心還很粗糙，想要證入自性微細的真心，很困難！

我們要有這個功夫——任何一句話還沒有出來之前，我們就看到「它」，知道「它」是什麼？清清楚楚看到它是什麼！但是這句話的語言文字都不會冒出來，那才是看住話頭。能夠看話頭了，看得很純熟了，才有資格看見佛性；若是看不見話的前頭，表示你的定力還不夠，動中的功夫還很不夠，一定看不見佛性，把佛性答案跟你說了也沒有用。所以要能夠看話頭，並且還要很熟練、很純熟，它自然而然存在，那這樣見性的因緣就具足了。然後才去參話頭。

話頭有兩方面，你是要參真如明心的話頭呢？還是要參佛性的話頭呢？兩種不一樣。參究真如心的話頭，參出來時是「見無所見」；我們一開始講的那些公案，如今都在你心裡面了！那些看來似乎沒頭、沒尾的公案究竟在講什麼？你將會很清楚。禪宗一千七百則公案，其實只有一則；不會，就是一千七百則；會了，就是一則。有了這看話頭的功夫以後，才可以開始參話頭。千萬不要急著在會話頭以後就去參，因為太早參禪並不好，不能看見佛性的。看話頭的功夫做得很純熟以後，再來參，將來才能看得見佛性，不然就看不見。

在看話頭的階段，有人覺得索然無味，但是有的人覺得非常好。為什麼？因為心中沒有負擔，只有個話頭。這個階段一定要經過，這個階段一定要鍛鍊；沒有這個看話頭的功夫，而說在參禪，那是自欺欺人：在騙自己，也在騙別人。

第六、我們說，參禪悟了以後，必須請閱全部的了義經典，譬如《楞伽經、佛藏經、如來藏經、無上依經、不增不減經、金剛三昧經、解深密經》等等，還要請閱《瑜伽師地論、成唯識論》來做印證。

在今年十二月一日，我們還會有一本書叫作《正法眼藏——護法集》會出版（編案：已於一九九六年十二月出版），裡面說的更細膩。這是專給悟後的人讀的，讀了它，就知道自己是不是真的悟，也會知道自己還不是佛，就不會生起增上慢。悟得真的人讀過以後，會使他的悟境更深入，提昇悟的層次和內容。如果是悟錯了的人，他讀了以後就會知道自己悟錯了；假使讀過以後還不知道自己悟錯了，他一定是根本不懂佛法的人。

開悟的人如果不能用這本書自我印證的話，那就不是真正的悟，應該要把原來所「悟」的見解全部丟掉，重新再參。如果能夠印證，那就是真的證悟！真悟的話自然就會知道——應該要如何悟後起修。他就能漸漸的通達，漸漸能進入修道位，這樣才能邁向成佛之道。

第五章　求生淨土須知──為求生極樂世界者說

參禪求悟應注意的事項大略講過了，接下來說明求生淨土應該知道些什麼？淨土法門的修持方法很多，但以求生極樂世界為代表，所以我們以淨土三經的意旨來作為主要軸心而說明之。

第一節　莫誹謗賢聖與正法

求生極樂世界或諸佛淨土的人，一定要很謹慎，千萬不要誹謗正法，不要誹謗證悟的人或證悟的天神及鬼神。我知道台灣有證悟的鬼神、天神；也有證悟的菩薩，但他們都沒有現身弘法度眾。至於證悟的旁生，我倒是沒有遇到過。所以我們要很小心，若無證據，千萬不要輕易的評斷或者誹謗一切的善知識，寧可將未悟者當作已悟，莫將已悟者當作未悟，以免不慎而犯下誹謗賢聖的大惡業；犯此重戒，難生淨土。

《無量壽經》卷下，佛云：「諸有眾生，聞其名號，信心歡喜，乃至一念至心迴向，願生彼國，即得往生，住不退轉；唯除五逆、**誹謗正法**。」彌陀世尊無比慈悲，只要十念乃至一念，就可以往生了，可是卻把造作五逆重罪的人，以及**誹謗正法**的人排除掉。《大寶積經 無量壽如來會》說：「若我證得無上覺時，餘佛剎中諸有情類，聞我名號，所有善根心心迴向，願生我國，乃至十念，若不生者，不取菩提。**唯除造無間惡業、誹謗正法及諸聖人**。」在這裡又加上一個誹謗聖人。十念就可以往生極樂了，但是造五逆重罪、誹謗正法及誹謗聖人的念佛人，不能往生極樂。

證悟的人從來不以聖人自居，但是他從宗出教，他所說的法乃是正法，所以不應當誹謗。誹謗證悟者以及他所說的法，就是謗法及謗賢聖，不能往生極樂世界，更何況是諸佛淨土？彌陀世尊最慈悲，九品攝盡一切眾生；但是謗正法及諸聖人者，極樂世界尚且不能去，還能求生哪一個佛世界呢？

又譬如：《大阿彌陀經》卷上有四十八大願，其中第二十九願云：「我做佛時，十方無量數世界諸天人民，至心信樂、欲生我剎，十聲念我名號，**必遂來生，唯除五逆、誹謗正法**。」《無量壽經》卷上第十八願亦如是說。諸佛淨土都不攝受誹謗正法的人，所以不要期望在誹謗正法以後還可以求下品往生。而且臨命終的時候，想要遇到真善知識是很困難的，在捨報前就已經不信真善知識、誹謗真善知識及他所說的法，捨報時當然也不會相信真善知識和他所說的正法，又如何能下品往生？又因為他生前不信及誹謗的緣故，善知識又怎麼可能在他臨命終時特地來為他開示正法？

極樂淨土不攝受誹謗大乘佛法的人，誹謗大乘佛法，最主要是指淨土三經以及菩薩藏。菩薩藏就是如來藏妙義的正法，就是講真如佛性的佛法。如果有人解說真如、佛性，真實、正確、無訛，而我們加以誹謗，就是誹謗菩薩藏、誹謗正法、誹謗大乘，就無法往生極樂世界了！不但如此，而且還要下地獄。

第二節　如何發起深心、至誠心、迴向發願心？

上品上生所應具備的條件是深心、至誠心、迴向發願心，這三心要具足，才能上品上生。但是這三個心須真正悟了以後才容易發起，悟錯的人不可能真正的發起這三個心。為什麼呢？譬如「深心」，如果不是真正的悟，他就不懂得悟後起修的道，那他就不知道佛法的博大淵深，也不知道自己所悟到底是不是真實？嘴裡面雖然說是悟，其實心裡面不斷的在懷疑：「**我所悟的究竟是眞還是假？**」那就無法對 阿彌陀佛和極樂淨土產生深心的信受。

又如「至誠心」，所悟不真的人，很難對 彌陀世尊發起至誠心，因為他不知道佛地的功德廣大無量無邊，也不知道自身與佛地的功德差別，誤以為**一悟即至佛地**，便會把自己錯悟的內容當作是諸佛所悟的內容，就很容易生起慢心，那就無法發起對於 彌陀世尊的至誠心了。

再如「迴向發願心」，因為所悟不真的緣故，他不知道佛的境界，便會誤認為一悟即至佛地，誤認為「見性成佛」的方便說是究竟說，他就會自認為是佛。當然就無法以他證悟的功德來做上迴向——不會迴向發願成佛，因為認為自己已經是佛了。所悟不真的緣故，他不能體解世尊的大慈大悲，不能體解 釋迦世尊以人天導師之尊而屈降於五濁惡世中，隱蔽他所有的無量威德勢力，示現和凡夫一樣的五陰而度眾生。因為不能體解諸佛世尊大慈大悲的緣故，所以也無法做下迴向——他不會以證悟的功德迴向發願上品上生、往生極樂速得八地無生法忍，而迴入娑婆世界住持 釋迦世尊的正法。

因此說「深心、至誠心、迴向發願心」，證悟的人比較容易發起，未悟以及悟錯的人都不容易發起，除非是再來的迴心聲聞、緣覺種性的菩薩才能發起。

第三節　三輩九品攝受之根性與證果

接下來我們要講極樂世界淨土的三輩九品，所攝受的根性以及證果的差別。大家應當要深入瞭解，才會懂得要努力求上品上生。

上品上生是攝受已經證悟的菩薩，或者是淳善的大心菩薩。上品上生的人不是乘坐一般的蓮花，而是坐金剛蓮花台而往生。往生以後立刻獲得無生法忍，位在初地至八地。須臾之間就可以歷事十方諸佛，次第受記而回到極樂世界，非常迅速。

上品中生是攝受不害怕第一義而尚未證悟的菩薩根性之人。因為他深信因果、不誹謗大乘、理解第一義而迴向發願往生；往生後，在極樂世界七寶池的紫金蓮花台中住宿一個晚上，相當於娑婆世界的半個大劫時間；第二天花開見佛而聞法，到第七天時得到不退轉，也就是明心者的位不退，再修極樂世界的一小劫以後才進入初地乃至第八地，比上品上生人遲很久。

上品下生人，他也相信因果，雖然不能理解第一義，但是不誹謗大乘。他已發起成佛之心而不造作各種惡業。這種人往生彼國七寶池的金蓮花之中，一日一夜（相當於這裡的一個大劫）以後花開，花開了以後第七天才能見到佛，三七二十一天以後才能了了而見——才能看得清楚彌陀世尊。再過三小劫的修行才能得到初地智慧，比上品中生人又差很遠了。（案：《觀經》上品的上、中二生，只說是獲得無生法忍，不曾說明是證得第幾地；但是上品下生中就已明說是證得初地百法明門，由此可以知道上品上、中生都不是只有證得初地，因為從初地到十地都是證得無生法忍的緣故。）

「上輩」的三品生人，是攝受那些已經證悟的人、修善的人、發大心的人，不做惡事的菩薩根性的人。如果誹謗大乘菩薩藏——誹謗如來藏、謗八識心王等方廣唯識學經典、論典為不究竟——就不能往生了。

中品上生的人，是受持五戒、受持八關齋戒，而不犯五逆惡業、不造惡業、持戒清淨迴向往生，他乘坐蓮花台往生極樂世界；到極樂世界時就立刻花開見佛，花開聞法時是聽到聲聞法，立刻得到阿羅漢的境界，具足三明六通、八解脫。

中品中生，是一日一夜受持八關齋戒，或持沙彌戒、具足戒而不犯戒，威儀無缺，以此功德迴向生西，乘坐蓮花往生。往生到極樂以後，要在七寶池的蓮花裡面住七天，花開以後聽聞到聲聞法，證得初果；再經過相當於這裡的半個大劫修行以後，才能成為一般的阿羅漢，比中品上生就差很多了。

中品下生，他雖然不持戒聞法，但是因為在世的時候，「孝養父母、行世仁義」，臨命終的時候遇見善知識為他說明極樂國土莊嚴和 彌陀世尊的四十八種大願，因此命終時往生極樂；但他沒有蓮花可坐。到極樂世界以後，要等到七日後才得見觀世音、大勢至兩位大士，聽聞聲聞法，獲得聲聞初果，再過那裡的一小劫以後才能成為阿羅漢。

以上中品三生是攝受持戒修善，而不誹謗大乘法的聲聞種性迴心過來的菩薩。

下品上生，是攝受造作各種惡業而不犯五逆罪的人。五逆是殺父、殺母、殺阿羅漢、出佛身血、破和合僧。這種惡人雖不犯五逆重罪，卻對其他的人造作無量無數的重罪。但是他有個好處——不誹謗大乘經典——他相信大乘方廣唯識經典。臨命終的時候，由於過去生修來的福報，遇到善知識為他解說大乘十二部經的名字和意義，聽完以後他就叉手合掌，念「南無阿彌陀佛」，因此可以除掉五十億劫生死的重罪，乘寶蓮花往生。他在極樂世界的寶蓮花裡面要安住七七四十九天才能花開，等於這裡的四十九大劫；然後見到的是觀世音及大勢至菩薩兩位大士，為他演講甚深的十二部經，然後再經過那裡十個小劫的修行，才能證得初地。

下品中生人，是受五戒而犯五戒，受八關齋戒而犯戒，受具足戒而又犯戒，應該要下地獄的。但是他臨命終的時候，由於過去生修來的福報，遇到了善知識為他讚歎阿彌陀佛的十力、威德、光明、神力，並且讚歎持戒、修定、修慧、解脫、解脫知見；他聽聞信受之後，地獄重罪消除了，往生在極樂世界的七寶池中，在蓮花之內經過那裡的六大劫以後才能花開，然後觀世音菩薩等兩位大士為他說甚深的大乘經典，因此而使他發起無上道心，但仍未能證果，將來證果的時間也要很久遠。

下品下生，是攝受造作五逆十惡的人，具足各種的不善業，應該要墮入惡道，要很多劫受無量苦。可是因為過去生修來的福報，臨命終的時候也遇到了善知識，為他解說殊勝微妙的法，並且教他**念**佛。可是這個人因為惡業很重，業風所逼，心裡沒有辦法**念**佛（**憶**佛）了！只能嘴巴**唸**佛號而已。嘴巴能**唸**「阿彌陀佛」，心裡面已經無法**念**佛（**想**佛）。善知識就告訴他：「你如果沒有辦法**想念**阿彌陀佛的話，你應該嘴**巴**裡面說『我歸命無量壽佛』。」這樣全心全意的唸「我歸命無量壽佛」——具足十聲稱「南無阿彌陀佛」——就可以往生極樂世界蓮花之中。多久以後才能花開呢？是極樂世界的十二大劫！

他經過極樂世界的十二大劫，才能夠聽到 觀世音菩薩等兩位大士的聲音在為他說法，但是他看不見兩位大士——只聽到二位大士的聲音為他解說實相滅罪之法——聽完以後發起菩提心，但沒有證果，也不知道什麼時候才能證果。

下品三生是攝受大乘種性但是不慎做惡事及犯戒的人，但是他並沒有誹謗大乘法，特別是如來藏；所以不可以誹謗大乘法，不可以誹謗菩薩藏（如來藏、唯識增上慧學），否則就無法往生極樂了，連下品下生都往生不了。以上說明往生極樂世界的三輩九品人之不同，瞭解這些以後，對於禪與淨土已有大略的瞭解，我們接下來就要講：禪淨圓融，究竟要如何圓融？

第六章　禪淨圓融

第一節　淨土一門亦攝聖道門

第一、淨土一門其實並不是只有往生極樂世界或諸佛國土就算成就。淨土法門的修行也涵攝了聖教門，具足各種佛法；一切佛法的修行結果，全部都要匯歸於淨土。持名念佛而不能瞭解第一義的人，只能上品下生或者中品中生而已，但是不至於下品往生，除非他造作惡業。

關於下品往生，有些祖師、法師誤會了便說：「唉呀！我這些徒弟們，只要有一、兩個能夠下品往生，我就很高興了。」這樣的想法不對，他的徒弟們肯念佛，又不造惡業，如何會是下品往生呢？他們應該是得上品下生或中品中生。

如果修學禪法或者體究念佛的法而沒有開悟的話，他發願往生極樂世界，平時也都不誹謗大乘、不誹謗正法、不誹謗聖人，還可以得到上品中生。如果真悟了，就是上品上生，往生就立刻得到初地乃至八地的無生法忍。這樣的修行法門，遠超勝於古時**本願持名念佛**的行者只能下品往生，因為他們生前殺害許多武田軍，是在戰爭殺人之時大聲誦唸佛號，不小心被殺死而往生的，殺業很重，只能下品往生。因此我們要呼籲：弘揚**本願念佛**的淨土法門雖然也很好，但是請不要**用本願念佛的其中一個願，來排斥　彌陀世尊其他的四十七個大願**，也不要排斥其他的佛法聖道門修行，否則就會變成謗法，連下品下生往生極樂世界都不可能了。

第二節　不可廢禪而獨尊淨土法門

在近代獨獨尊崇淨土，而排斥禪法的那些人，其實他們不是真正的在尊崇淨土法門，而是在尊崇持名念佛的法門，因為他們不明白**淨土與禪**之間的關係，也不明白淨土一門其實也函蓋了聖教門。

例如往生極樂世界以後，還是要隨佛修學般若智慧。般若就是禪，體究念佛也就是般若禪，因此修淨土法門的人，不應該執著佛的名號、佛的形象，而應該以佛的名號功德及莊嚴像功德，轉求實相智慧。在《大乘無量壽莊嚴經》卷下，佛云：「復有眾生雖種善根，供養三寶，作大福田；**取相分別**，**情執深重**，求出輪迴終不能得。」因為阿彌陀佛的法身純淨，猶如虛空無形無相，無去無來，不應該執著於祂的名號、名相、聲相、身相來做分別，否則的話就無法獲得上品上生。也不該因為對自己的師父有情執，就對他所說的法義錯誤之處，強詞奪理而狡辯之，心中明知他的法義錯誤，卻對別人堅持說是正確的，反而對明知別人正確的法義加以扭曲，說是錯誤的，用來支持自己的師父；這也是**情執深重**，即使生到極樂去了，求出輪迴終不可得，無量數億劫中都不能取證解脫，不成為阿羅漢，無量數億劫中都要在極樂世界當一個凡夫。

彼經卷中也說：「彼佛如來，來無所來，去無所去，無生無滅，非過現未來，但以酬願度生，現在西方。」所以他本來沒有形相，沒有來去，為了度眾生的本願而示現在西方極樂世界中。

《無量清淨平等覺經》卷三，佛說：「其人壽命、病欲終時，無量清淨佛則自化做形相，令其人目自見之。」這就是表示：無量清淨佛——阿彌陀佛——本來沒有形相，但是為了度化接引壽命臨終、或是大病臨命終的人，所以化現出一個形相，那個形相並不是真的阿彌陀佛，只是用那個化現出來的形相作為接引眾生的一個方便而已，那並不是阿彌陀佛真正的法身，因為法身無形無相，不可能是那個示現的形相。

第三節　不可廢淨土法門而獨尊禪法

現代排斥淨土法門而獨尊禪法的人，其中有許多人其實不是真正尊崇禪的法門，他們只是尊崇禪定境界的有所得法而已，因為他們不明白**禪其實就是般若**、就是智慧。正因為他們不明白般若智慧是無境界法、無所得法的緣故，所以把禪定的數息或是禪定的修止法，當作是禪宗的般若禪。所以說，他們獨尊禪而排斥淨土時，其實只是在尊崇禪定或定境，不是在尊崇禪宗的禪。而且他們也不明白：禪—最究竟的極致，就是淨土。若是排除了淨土宗的念佛**行門**，他們在末法時代想要證得開悟所須的看話頭定力，幾乎是不可能的；連看話頭的能力都沒有，覺知心很粗糙，根本就不可能觸證到心相很微細的如來藏、真如心，那又有什麼機會可以證悟呢？當他們排斥淨土的**真義**以後，將來證悟時所將領納的自心如來—實報莊嚴土—又將何在？又將如何安住於真實淨土的自心如來境界？所以獨尊禪而排斥淨土是不好的。

第四節　不可離經而獨尊淨宗諸祖

弘揚淨土法門的人，不可以離開淨土五經乃至其他一切經典，而獨獨尊崇淨土宗諸祖師所說的開示語錄。因為淨土宗的那些祖師們，其中有許多人是思惟想像所得，不曾與聖道門相應，不曾真正理解 佛意；若淨宗諸祖的釋義，違背淨土三經一章一論及 佛說諸了義經時，都不可信受。若所說與 世尊及 彌勒菩薩所說不相違背，方可信受。

如果我們想引述淨土宗祖師的開示時，應該以永明延壽禪師、雲棲袾宏禪師（蓮池大師）等人的開示為主；或者豐干禪師的開示為主，因為一般認為他們是 彌陀世尊的化身（平實於第三版補案：其中有眞有訛，不全然正確。詳見正德老師著《眞假禪和》399、400頁的編者註一）。如果引述其他淨土宗諸祖師的文字著述，我們應當要先查證他悟了沒有？如果他沒有悟的話，引述他的著作時，應該先加以檢查校正——他所說的是否符合經教的依據？才可以引述。

後代的淨土宗修學淨土法門的佛子們，不明白這個現象，迷信淨土宗諸師的論述，結果只能以較低的品位達成往生極樂世界的目的，而無法證得實相念佛境界，不能修得上品上生。淨土宗的行者，為什麼不直接攝取淨土三經一章一論的內容意旨直接用功修行呢？也免得枉費了這一生啊！所以弘揚或者修學淨土法門的人，不可以獨尊淨宗諸祖師的論述而忽略淨土諸經的本意，因為有許多淨土宗祖師的說法是很牽強的，而且違背淨土諸經的意旨。修學淨土諸經法門的時候，決不可以一廂情願而純粹用自己的想像思惟猜想，更不可以斷章取義，或者大而化之，誤解經典。

第五節　學禪應求證悟

學禪的人應該求證悟，如果不求開悟的話，你來學禪作什麼？有的人一向是鴕鳥的作風，說：「我來學禪、悟或不悟都沒有關係。」那你來學禪作什麼？將來如果證悟了，也應當要求見真善知識印證。可是真的善知識很難遇到，尚未真正開悟的人沒有辦法分辨的緣故，又往往因為慢心而自以為是，即使遇到了，也會否定他所遇到的真善知識，所以見善知識印證的事，大部分也都只能隨緣而已。

悟後應該要遍閱了義經典來印證。在遍閱了義經典，證實我們是真實的悟了以後，就應該設法斷盡一念無明，然後留最後一分思惑而潤未來世生；還要尋覓真善知識，跟隨他修學差別智以及唯識的經論，以增上自己的般若慧學——一切種智—唯識增上慧學。更須要發願求生極樂世界，到極樂世界去獲得上地無生法忍，到三地滿心或八地以後，再迴入娑婆來護持　釋迦世尊的正法。

修學淨土的人也應該設法修學般若第一義，也就是禪；不應該畏懼，應該要發大心求上品上生。禪的修行方法，應該從功夫做起，一方面多聞熏習第一義真如佛性的道理，一方面做功夫。而且應該要知道做功夫的方便善巧和轉折，從持名念佛、心念心聽、心念心憶、憶佛念佛、無相念佛、看話頭、體究念佛——也就是參禪，然後進入實相念佛境界，這樣就可以具備深心、至誠心、迴向發願心，獲得上品上生。

在悟後往生之前，應該要隨力修學悟後應該修的各種法門；往生極樂世界以後，可以立刻獲得初地乃至八地，也可以不離極樂世界而迴入娑婆的色究竟天宮，禮拜聽受 釋迦牟尼佛的莊嚴報身——盧舍那佛的說法。極樂世界與娑婆世界雖然相距有十萬億佛土之遙，但是對八地菩薩意生身而言、對極樂世界蒙 佛加持的初地菩薩而言，則沒有間隔、沒有阻隔，一念就到。所以淨土與禪密不可分，學禪的人不可以排斥淨土法門，學禪的人應該要求證悟，修淨土法門的人也應該求開悟。

第六節　悟後應求生極樂世界

一切學禪證悟的人，應該要求生極樂。佛云：「此土當有七百二十億不退菩薩往生極樂。」七百二十億是多少人呢？ 世尊既然開示我們，這個娑婆三千大千世界中，有這麼多的菩薩要往生極樂，我們又何必排斥呢？在四十華嚴《普賢行願品》裡面有記載：乃至 文殊師利菩薩、普賢菩薩、 彌勒菩薩等，也和 觀世音菩薩、 大勢至菩薩一樣，都在極樂世界，不離極樂而又在我們娑婆世界度眾；因為沒有阻隔的關係，因為那是實報莊嚴土的緣故，所以一切學禪證悟的人也應該求生極樂，在捨報後依憑生前所悟的實相智慧，藉著 釋迦世尊及 彌陀世尊的大悲願，來增益自己的道業迅速增上、日進千里。

第七節　發願悟後廣度眾生者應求生極樂世界

應當發願：悟後當廣度娑婆世界的有情眾生；而且要度這邊的有情眾生悟後求生極樂世界、往生極樂世界、和迴入娑婆度化娑婆世界的眾生。這個願和住持　釋迦正法的願，其實並沒有衝突、沒有違背。

有的人發願說：「我要在這個世界生生世世度眾生，所以我不想去極樂世界；因爲往生極樂世界以後，我就不能度娑婆世界的眾生了，這邊的眾生好可憐啊！」他發大悲心要度此界眾生，但是這個願和往生極樂並沒有衝突，因為「釋迦有願」呀！釋迦牟尼佛在《大乘無量壽莊嚴經》卷下有云：「復次阿難！彼佛刹中所有現在及未來生一切菩薩摩訶薩，一生令得阿耨多羅三藐三菩提。若有菩薩，以宿願故，入生死界作獅子吼，利益有情，我令隨意而作佛事。」那就是說，釋迦牟尼佛有這個願：當你發願往生極樂，得八地以後，或者得初地以後，你還想回來說第一義法度眾生的話，釋迦牟尼佛看你因緣具足了，祂也會幫助你不離極樂而在這裡度眾，釋迦世尊有這個願嘛！那麼你悟後往生到極樂世界以後，聽聞 彌陀世尊說法而進入初地以後，假使想要利樂這世界的眾生時，釋迦世尊也可以幫助你成就這個願望，所以你不必擔心這個悲願不能實現，還是應該求生極樂世界。

第八節　學禪者不應排斥淨土法門

禪的極致即是具足成就四種淨土，所以修學禪法的人不應當排斥淨土法門。淨土法門的迅速成就，需要由禪的開悟而著手，以禪悟——實相念佛法門——而提昇往生極樂世界的品位，然後再借極樂世界 彌陀世尊的願力加持，而增益我們禪悟功德的深度與廣度。所以，禪與淨土應當要互相圓融，相得益彰。如果互相排斥，各執一端，就會成為謗法，也會障礙我們成佛之道，娑婆世界的 世尊正法恐將更快斷滅。

譬如我們行車、開車，應當要捨棄崎嶇而彎曲的羊腸小徑，選擇高速公路行駛。我們修學**禪**、**淨之道**也是一樣，以念佛法門來鍛鍊參禪的功夫；具備了參禪的功夫，心地細密，才能明心見性。明心見性以後求生極樂，可以不必苦修一至二大阿僧祇劫，就可以證得無生法忍、進入初地乃至八地。也可以遠離隔陰之迷，三明六通具足，得如幻三昧及意生身和引發如來無量妙智三昧。八地以後，就能不離極樂世界而迴入娑婆，憑自己的功德來廣度有緣眾生，以及護持釋迦世尊的正法。並且能面見盧舍那佛，可以迅速轉入十地和等覺地，可以迅速成佛。

此事好有一比：譬如我們在娑婆世界這條禪的高速公路——速行道、易行道，走到盡頭了，接下去是羊腸小道的時候，我們就換乘往極樂世界淨土的超音速飛機一樣——上品上生而迅速獲得無生法忍的諸地智慧與功德。當我們上品上生極樂世界，達成迅速證得諸地智慧與功德的目的以後，就可以不離極樂世界而「回到」娑婆世界，進入跟隨盧舍那佛修學一切種智的高速公路，可以迅速的從八地修到等覺地，漸漸圓滿法無我的實證。不必在羊腸小道裡面跋山涉水，那麼辛苦、那麼緩慢的修苦行道，這就是把娑婆世界和極樂世界的速行道、易行道配合起來運用，就能快速而輕易的成佛了。

在多劫以前往生於極樂世界的那些上品中生、上品下生的人，以及中品往生的人，如果已經花開見佛，也應該求極樂世界西方三聖安排，讓他們有因緣來到這個娑婆世界，來見真的善知識，可以迅速的悟入實相，然後再用剛才講的方式迴歸極樂；八地以後再回來隨　盧舍那佛修行，全部都是成佛的速行道和易行道，既快速又輕鬆愉快。上品中生、上品下生的人，以及中品往生的人，在極樂世界的開悟證果與智慧、功德的發起都是很緩慢的，所以應該求　彌陀世尊或觀音大士的安排，來此世界求悟之後，再迴歸極樂世界快速獲得諸地果證。

有人問：「那我從極樂世界回來的時候，盧舍那佛還在不在？」釋迦牟尼佛的莊嚴報身盧舍那佛，壽命有多長？有七百阿僧祇劫。所以不用擔心，你將來從極樂世界回來時祂還在，還在說《法華經》。因此特別呼籲大家，將禪法與淨土法門加以簡擇和圓融，互相讚歎，互相學習，並且轉相告知，使　阿彌陀佛和　釋迦牟尼佛的弟子們都能迅速成佛，廣益有情。

至於中輩往生人是屬聲聞種性，不論及成佛，所以我們不加以詳論。我們認為修學佛法不該偏執於一邊，應該禪淨圓融，擷長捨短，則禪與淨土可以相得益彰，娑婆與極樂互相輝映。有智慧的人必定不會執著禪法而毀棄淨土，也不會執著淨土而毀棄禪法。我們很希望佛子們都能明白這個道理，信受這個道理。如果全部佛子都能這樣的話，將來佛門二大派別之間的安詳和諧氣氛就可以預期，佛子們將來修道迅速也可以預期，將來佛種不斷，正法久住，眾生的福報就大了。

第七章　尊師重道方能禪淨圓融

最後我們要說：修學禪淨圓融、禪淨修學的法門，必須尊師重道。諸位來到十方禪林學法，傳法的師父也是傾囊相授；但是諸位來到這裡，一定要尊師重道。為什麼這樣說？因為尊師重道很重要。此外，修學淨業三福，並非只有修學淨土法門的人適用，學禪的人一樣要學、一樣要修。

如果有人不能孝養父母、公婆，而能尊師重道的話，斷斷沒有這個道理啊！所以應當先孝養父母、公婆。不能克盡人子之道，如何能夠成佛？所以孝養父母、公婆，必須列在最前面。其他譬如慈心不殺、修十善業、受持三皈、具足眾戒、不犯威儀、發菩提心、深信因果、讀誦大乘、勸進行者等，也都很重要，不可以忽略，但是特別以孝養父母、公婆和奉事師長，作為必要的條件。

《阿彌陀三耶三佛薩樓佛檀過度人道經》卷下，佛云：「師開導人耳目，智慧明達度脱人，令得善合泥洹之道，常當孝慈於佛、父母，常當念師恩；常念不絕，即得道疾。」佛言：「天下有佛者甚難值，若有沙門、若師為人説經者，甚難值。」所以末法之世，真正的禪淨修學的法門很難得遇見；如果已經遇見的話，要常常感念 佛恩、師恩，不可以忘本。

世間人學世間法而有成就，尚且要念父母恩、要念師恩，如今佛子來修學無上了義甚深之法，尤其是出世間禪淨修學之法，如果不念佛恩、不念師恩，反而謗佛、謗師，那就不如世間的凡夫了。我們認為這種人沒有資格學佛，何況修學禪淨圓融法門？所以我們普願一切佛子常念 佛恩，常念師恩，因為這樣必定可以迅速得道的緣故。我們今天就報告到這裡，感謝各位菩薩光臨道場、莊嚴道場。

阿彌陀佛！

（一九九六、九、八　講於十方禪林）

第八章　禪淨圓融講後即席問答

〔問一〕：個人以前讀過蓮池大師的一段話，謂念佛有事念與理念；事念即 阿彌陀佛佛號放在心中念及憶念直觀，理念則不但把佛號放在心中憶念，念的時候還要當下返觀，要觀到根源處。個人讀後就自己摸索，但到目前為止，仍然不知道這句話的真正意思。我自己摸索的情形是這樣的：蓮池大師說 阿彌陀佛的佛號提起時，心中就有 阿彌陀佛的形相，我們要去追究這句佛號是誰念的？便要邊念邊看，邊念邊疑，疑這一聲佛號是從哪裡來的？是誰念的？而個人摸索的情形是，我念 阿彌陀佛的佛號，內心裡面既然有個佛號，那一定有人念，那個念的人是誰呢？心裡就有要去追「念的人是誰」的欲望。一句佛號念起來就往心裡頭看，看那個念佛的是誰？就邊念邊看。比如我們在室內念，聽到外面有一聲 阿彌陀佛，好像室外有人念佛，室外那人是誰？我們想去看念佛的是誰時卻看不到，但是知道是從那邊來的，就是不知道他是誰？

心裡一直想知道他是誰，但好像有一堵牆壁擋在自己的心頭上來，阻隔了我和那個念佛人。我就一邊念、一邊往牆壁看，可是牆壁後面那個人是誰？我不知道。我一定要知道，就僵持在這個境界中；我知道他在牆壁後面而我看不到，看不到、但我卻一定要知道，心就完全被牆壁後面那個念佛人所牽絆住。因為有疑問在那邊，心就會專注在那邊，就這樣持續下去，不知道自己內心這樣用功的方法對不對？請老師指導。

〔師示〕：我們剛剛說過，學禪必須要向內做功夫，就是無相念佛及看話頭的功夫。我們剛剛解釋過了：有看話頭的功夫以後，回頭再來參禪，這樣才是正途。虛雲老和尚絕對不是無緣無故講這個看話頭。看見佛性的人——眼見佛性的人——他就會發覺：「噢！原來是這樣啊！怪不得會叫我們看話頭。」因為看話頭跟看佛性是一樣的，真正走過來的人才能將它說清楚。

你剛才說的那個情形也不能說不對，但是因為功夫很粗，心地粗糙，不夠細密；此外，你尚未具足參禪的知見，所以找不到入處。參禪之前，第一要具足知見。體究念佛就是參禪，所以禪與淨不二。而蓮池大師講的意思你並沒有完全體會，你現在講的是念佛門的一行三昧，不是六祖壇經講的一行三昧。《大寶積經》講的念佛一行三昧——佛開示持名念佛的一行三昧說：「端身正坐，隨佛方所，持念佛名；於是念中，能見十方三世一切諸佛。」是從持名念佛而悟入。但是要知道，人家菩薩修這個法的時候，他已經具足四禪功夫了，他因修這種一行三昧而悟。

可是佛在這一段之前又說：想要修一行三昧之前，先要去瞭解般若波羅蜜。換句話說，你要用持名念佛來體究的話，必須先瞭解什麼是般若波羅蜜？所以，修學淨土法門持名念佛很好啊！你如果只是持名求生極樂，那沒問題；如果你求生極樂，持名念佛而體究念佛，你想要到達實相念佛境界的話，那就是求悟！那就必須要先學般若波羅蜜。若沒有先學般若波羅蜜，持名唸佛唸到舌頭斷了，也還是悟不出來的。

有的善知識講：「修學一行三昧——持名念佛的一行三昧——就可以開悟。」但是往往把這個前提忽略了。佛說：「當先學般若波羅蜜。」般若波羅蜜就是有情眾生的實相——真如佛性。對於般若波羅蜜不聞熏習而直接去參究，你就沒有一個方向；沒有方向而想要求悟，你到底要悟個什麼？要找什麼？根本就不知道！

所以當年我走過來的時候，走得很辛苦，參得也很痛苦。為什麼？因為沒有善知識指出一條路。我也讀過一些現代善知識寫的修禪的書，但是都講錯了，他們都沒有指出開悟究竟是悟個什麼？真心又是什麼？那條路是應該怎麼走的？方向在哪裡？都沒有講。我得要自己摸索，很辛苦。

我剛剛也說過，我也得到觀世音大士的加持，祂的加持只有兩句話：「開悟哪有那麼簡單？心肝那麼無閑！」（台語）只有這兩句話。所以我就在家裡打禪七，整整十九天，睡也沒真睡，吃也沒真吃，我兒子說我「阿噠、阿噠」的，就這樣度過來的。吃什麼東西都沒味道——不知道味道。電視也不看，報紙也不讀，電話也不聽；十九天，整整十九天。

這意思是說，開悟之所以很困難，在於知見不夠，因為你不知道要往哪一個方向走？什麼是不對的？你都不知道；而對的路在哪個方向？你也不知道，就像你現在正在摸索一樣。所以我們建議你好好學，下苦功鍛鍊參禪的功夫——看話頭，再加上熏習正確的知見，便有可能一步一步的走到你所要的那個境界，到了你悟入的時候，你就會說：「噢！原來法身佛就是這樣啊！」你就知道了，原來就是第八識如來藏、真如心，那時就進入實相念佛了。

但是不要操之過急，因為你剛學佛就拿蓮池大師（雲棲袾宏禪師）的體究念佛來學，有些操之過急了。你的功夫還沒有作起來，心地還很粗糙，所以我希望你把看話頭的功夫好好去鍛鍊。這個功夫要如何鍛鍊？要從無相念佛下手。但是不要急，因為禪這個法門不能急，這要看福德因緣，不能勉強，除非你有親近真的善知識而獲得指導。

我剛剛也講過，這是千聖不傳之法，自古以來就很難證；佛也曾告誡不許明說的，連 彌勒菩薩都不敢明說。我以前很糊塗，打禪三的時候都明說、明講，因為我是自參自悟的，沒有師父指導說「不可以明講」，結果呢？因為說得太白了，使得不該悟的人也悟了，所以參禪者的冤親債主就找我，說你要度他解脫，我跟他要不到債、就找你呀！此外，護法神也看不過去了：「這樣搞，佛法一定會斷掉的。」所以也來懲罰我了，所以我第一到第三次的禪三真是痛苦不堪。第一次禪三期間身體痛苦，我以為是巧合；第二次禪三的受苦，我仍懷疑是巧合；第三次禪三依舊受苦，就知道受苦不是巧合。

經過三次禪三以後，我發覺到不對，有後遺症出現了；從第四次禪三開始，我就抓緊了——一切隨緣。我會給你機鋒，但不會很多，也不像以前那樣用很明顯的機鋒。現在禪三期間，我所用的機鋒很平淡，看起來好像根本就不是個禪師。但是從第四次禪三開始抓緊以後，每次禪三都是平安無恙，圓滿完成。

這就是說，學禪不能操之過急，你遇到了這個法，你能學、是你的福德因緣，但不保證你一定可以悟；我一向不保證，所以我們現在已經沒有開保證班了。有的人來學，悟得很快，五、六個月他就明心又見性了；但是也有人跟我共修六、七年了，到現在還沒有悟，連明心都沒有。所以我們現在不保證開悟，要看各人的因緣；你很精進去修，但是你本身的福德因緣也要夠。此外，諸位還要多多修集福德資糧——護持正法、供養三寶。

福田要種，孝養父母、尊師重道也不能疏忽，對子女該盡的義務也不能疏忽，對社會該盡的義務更不能疏忽；在這樣的情況下把功夫作起來，把知見建立起來，一步一步的走上去。不要一開始就去參，一開始就去參，你會痛苦不堪，而且不會有成就。我希望你信受禪淨修學的法門之後，就跟著師父好好的一步一步去修，一步一步去做，按部就班的來；悟，只是遲早的事啦！不必急在一、兩年。想想過去那麼多祖師大德，講經說法幾十座以後，他們發覺：「自己講來講去都是佛、菩薩的，我自己的在哪裡呢？」不知道！結果罷講了，進叢林裡去參禪，參到老、參到死，還不知道是什麼，下一輩子再來！這樣的人多的是。

所以參禪固然要以平常心，也要有智慧去辨別簡擇：這個法是正確的、還是邪謬的？是對的、還是錯的？不要被錯誤的法所耽誤了。談到這裡要向諸位報告：在最近幾年，邪法正在流行；邪法是指什麼？月溪法師講的法正是邪法，現在台灣就有許多人沒有悟而自以為悟，就用他的法一直在弘揚，這就不對了。這一點請諸位要注意。你們修學禪法的過程中，不要去碰月溪法師的法，那是錯誤的。關於他的謬誤，我們十二月一日有一本《正法眼藏—護法集》出版時，諸位讀過就明白了，這裡不多作説明。（編案：已出版。書中所說都是自在居士——出家後名爲法禪法師——所弘揚的香港月溪法師的邪知邪見。）

〔問二〕：在佛經裡頭，佛陀提到，你在三歲時看恆河裡頭的水是「看」，到七十歲時看恆河裡頭的水也是「看」，三歲跟七十歲時看河水的那個「看」是一樣的。那我們如果從觀音法門切入，切入到「入流亡所」那個境界裡面，也有一個能知能覺的「看」在那邊；那如果從大勢至菩薩的憶佛念佛法門進入，念念中有時也會有光出現，那也有一個「看」；剛才老師也提到，明心見性不是用能知能覺的心去覺（編案：師云「眞如離見聞覺知」。非如問者此說。）而觀音法門裡面也提到覺所覺空，那裡面是不是也有一個「看」？這些是不是都相同的？

〔師示〕：這個問題問得好，禪宗的開悟——明心見性——分為兩個階段，截然不同。但自古以來也有許多禪師，悟是有悟，可是悟的時候卻把真如與佛性混為一談。當然也有一些禪師是弄得清清楚楚的——

三關很清楚。有人說禪只有一關，那就表示這個人就算有悟，也是悟得很淺，因為明心與見性是兩個截然不同的開悟，他一定只有其中的一種。剛才講過，明心只是一念相應：智慧出現。沒有境界，沒有覺受。而見性有見性的覺受，但是也有智慧出現。至於悟後起修，卻反而要回到明心的路上來，因為牢關也在明心上面。

你剛剛問的，既然講「法離見聞覺知」，為什麼《楞嚴經》又講：波斯匿王三歲看恆河水的那個看，和他七十歲時看恆河水的看，還是同一個看，沒有不同。但是這裡面有個很大的文章在：《楞嚴經》講真如、也講佛性，如果你沒有弄清楚，就會愈讀愈糊塗；我們悟前讀《楞嚴經》卷一至卷五時會產生矛盾，不知所云。卷一中說「分別覺觀所了知性不是真心」，乃至說「縱滅一切見聞覺知，內守幽閑，猶爲法塵分別影事。」故云：「但汝於心微細揣摩，若離前塵有分別性即眞汝心，若分別性離塵無體，斯則前塵分別影事。塵非常住，若變滅時，此心則同龜毛兔角，則汝法身同於斷滅。」此說見聞覺知的能分別心不是真心。從卷二開始卻又不離見聞覺知，廣說「見聞覺知，圓滿湛然，性非從所……性眞圓融，皆如來藏，本無生滅。」

到了卷五卻又講：「由塵發知，因根有相。相見無性，同於交蘆。是故汝今**知見立知，即無明本；知見無見，斯即涅槃無漏真淨**。」這是講真如，是離見聞覺知的心，說能知能覺的心乃是無明的根本。但是你剛剛問的那是什麼？那是卷二至卷四所講的，是偏在凡夫所知的佛性上講的，並不相同；說的是六識的自性並非單憑因緣生，也不是自然而出生的，而是都從如來藏中出生的，本來就屬於如來藏無量自性中的一部分，但不是未入地菩薩眼見佛性時所見的佛性，也不能說六識的自性不是佛性。所以卷二到卷四見性部分都必須用見聞覺知，見性不能離見聞覺知；月溪法師講「佛性離見聞覺知」，可見他沒有見性，見性的人絕對不會這麼講。

佛性必須用見聞覺知來見，祂不離見聞覺知，但並不是見聞覺知；見性時能見的那個見是見聞覺知的妄心，要用這妄心去見佛性；佛性不是見聞覺知，但也不離見聞覺知。可是真如呢？真如離見聞覺知，兩者不同。「知見無見，斯即涅槃無漏真淨」；「知見立知，即無明本」，你把能知能見的那個「知、見」建立起來，說這個就是真心，那就不對了！這個能見能知的心是無明的根本，不是涅槃心。

靜坐時一念不生、寂而常照，靈明覺了的心，那個靈知心是無明的根本，那是七轉識，是意識心。《楞伽經》卷二說：「意識者，境界分段計著生。」當你醒著的時候，一念不生，寂而常照，好清楚！定中也是很清楚；可是你睡著無夢時，這個清楚能知的心哪裡去了？不見了！斷了！像這樣，就變成境界分段了嘛！當然是意識心而不是真心了！對不對？這個能知能見的心，在你醒的時候有，睡覺時沒有；你清楚時有，昏迷了沒有；活的時候有，死了就沒有；那是境界分段，那正是意識心。

即使坐中「滅卻見聞覺知，內守幽閑」，依舊是「法塵分別影事」，何況是能見能知的心？當然仍是妄心。

真心離見聞覺知，《維摩詰經》講：「法離見聞覺知。」《維摩詰經》又講：「不觀是菩提，離諸緣故。」離開一切外緣，色聲香味觸法等都不觀察；接著卻又講：「知是菩提。」剛剛講離諸緣，既然不知外面的色聲香味觸法，應該是不知啊！為什麼又講「知是菩提」？然後又解釋說「了眾生心行故。」這個真心能夠了知眾生七轉識在想什麼？你想什麼祂都知道，瞞不了祂的！你也不必以語言文字告訴祂，祂都知道。你看：會的人都在笑了！但這個是密意，我不能明講。可是維摩詰大士怕眾生誤以為能知能覺的心是菩提心，所以接著又講：「不會是菩提，諸入不會故。」不會六入的那個心才是菩提心，祂對外面的聲音聽不見，外面的形色看不見；祂又盲、又啞、又聾，祂統統不知道——「不會是菩提」，對於眼耳鼻舌身意的六入統統不會。

我在《正法眼藏》裡面也說到，讀經必須要弄清楚這部經是在講真如心、還是講佛性？必須要分清楚。有的經專講真如，有的經專講佛性，有的經既講真如又講佛性，不一定。譬如月溪法師，他把《楞伽經、金剛經、心經、維摩詰經》等，都用佛性來解釋，那就錯了。因為《金剛經、維摩詰經、楞伽經、心經》統統是講真如心——第八識如來藏，不是講佛性。

真如與佛性不同，佛性不離見聞覺知，但不是見聞覺知；真如心則離見聞覺知。但是呢？真如心於離見聞覺知中：非知非不知，非覺非不覺。如果真如心確是像某些人誤會經典講的，說祂完全沒有見聞覺知的話，那是不是跟木頭一樣？跟石頭一樣啦！那我們辛辛苦苦參禪尋覓祂做什麼？不要祂也罷！跟木頭一樣嘛！

我們看電視連續劇中，那女孩子腳一跺：「你這個木頭！」說你好笨喔！因為不知道人家的情意嘛！所以叫作木頭。如果真如心真的完全不知，哪裡來這麼多有情眾生？但是真心能知，不是我們見聞覺知的知，所以你所問的那個「看」，你剛剛沒有落到能看的心算是不錯了，只是在「看」上面講，這算不錯了；一般人都落在能看的心裡面去，都誤會佛法了。

有的學佛人問他的師父：「哪個是我們的眞心？我每天課誦金剛經啊！可是我爲什麼還是不懂？」師父就向他講：「嗯！你唸經的時候，你那麼專心，那個沒有妄想的心就是眞心嘛！」這哪裡是真心？真心不是見聞覺知心，不過真心也不能離開見聞覺知心而參究，離見聞覺知心就不能參禪了。那就難會啦！（眾笑！）等你破參了，你就知道：「噢！原來是這樣啊！」這樣會嗎（台語）？（眾又笑）。剛剛這句話如果在外面講，沒有人會笑的，因為你們之中有許多人是跟著我來捧場的，是已經知道般若密意的了，所以才會笑。……既然沒有問題了，我們大家請張老師和許老師上來講幾句話好嗎？（眾鼓掌）。

〔張正圜老師開示〕：

我本來以為不用講了，也沒有準備要講些什麼。我在 平實導師座下跟隨他學法，從開始到現在大概有五、六年了，就向諸位簡單的報告一點學法的心路歷程。

過去我也是跟剛剛兩位發問的師兄講的一樣，這邊摸、那邊摸，這邊翻、那邊看，都不太瞭解佛法的真義是什麼？因為沒有地方能有系統的告訴我們：怎麼樣邁向成佛之道？後來在石牌（說到這裡，我覺得在石牌的人蠻有因緣的，後來在建國北路和中央信託局的人，他們的因緣也都很好），在石牌的陳師兄成立一個道場，準備開始共修了，問我要不要來？我說「好」。那時大概只有七個人，這七個人就在 導師座下開始學習，導師第一次就講《博山參禪警語》，哇！那很難欸！不知道在講什麼？ 導師每週共修的開示時，一個小時就講一則，我們就像在霧裡看花，完全聽不懂；但是也不會生煩惱心，反正看到 導師就覺得好熟、好熟、好親切，也沒有什麼隔閡。

我的心性比較單純，導師講什麼我就信受。後來 導師講了幾則以後，發覺大眾沒有功夫，聽不懂，就把《博山參禪警語》暫停三次，改講無相念佛，然後再回來講《博山參禪警語》；在這當中，導師講到一個段落時，《無相念佛》書也出來了。

他第一次無相念佛的書不是對著大眾講的，是他自說自話，是施設有一些聽講的人，然後一邊寫、一邊問答，就把它寫出來了。所以後來的人福報比較大，因為後來出版的書中佛法的次第很明顯，而且漸漸有人走過來以後，就覺得信受力比較強。

當時 導師教我們無相念佛的時候，我們也完全沒想到後來會有什麼結果，都沒想到。什麼明心、見性？這我一輩子也從來沒聽過，也沒打算說要怎麼樣，反正就是有一個地方，使我們的心整個安頓下來。尤其在這滾滾紅塵當中，每天面對很多的事情，身心煩惱一大堆，年紀越來越大，對生死的問題，真的不曉得究竟人生是在找些什麼東西？

跟著 導師以後覺得蠻好的，每次去共修，心中就能夠很安定；而且最重要的是在無相念佛當中， 導師的施設方便就是無相拜佛，就是憶佛的方法。我曉得禪林這邊很慈悲，無相念佛的書已經有很多同修請去開始讀了。可能大家開始讀的時候，當中有些似懂非懂，因為那本書一次、兩次、三次不停的讀，甚至你悟後很多年再回來讀，每次的體會都不太一樣。這個法門之可貴處，在於它有路、有指標，讓我們真的可以去走出來；而不是一個空空洞洞的教理教相——心嚮往之、而沒有辦法達到。

當年在 導師的指導下，因為人少，所以每次上課時 導師就會問：「某某人！你這個禮拜的用功情況怎麼樣？某某人！你這個禮拜又怎麼樣？」在那時會有一些心情出現，譬如當 導師問到某人，他講出來的狀況很好的時候，我就起念了：「唉呀！怎麼搞的？怎麼輸人家？怎麼這樣子嘛？是不是我用功的方法錯了？」也就是剛開始會在諍勝上面起心動念，這種分別心在破參以後就消失了。當然 導師在上課時除了講解外，也會讓我們有心靈交流溝通的時間，所以如果有突破，也多半能在 導師這邊得到解答。

大概修學了一年多以後， 導師在別的共修處上課，有一位學生，導師給他機鋒，他就悟入了，然後接二連三的又有好幾個人悟入。導師就請他們作見道報告，然後把錄音帶拿到石牌共修處來刺激我們，說：「今天很特別，我就不講課了，讓你們聽一些同修們的錄音帶。」唉呀！這一聽，那天回去就睡不著覺了，大家同一個時間開始修學，為什麼別人可以成就，而我還是滿頭霧水？不知道在做什麼？

現在 導師對於看話頭、參話頭的教學，次第井然，非常有條理；而當時我剛開始，就摸不太清楚看話頭、參話頭是什麼？虛雲老和尚的著作，我一遍又一遍的看，但是要體會那個話頭——話的前頭，單單這幾個字就夠你摸索了，搞不清楚什麼是話的前頭，何況說要安住它、看住它？

當然，假若我們信心不退的話，終有一天就會走出來；但那天聽了錄音帶以後很受刺激，睡不著覺，就想：別人都可以做得到，那麼我呢？結果，兩個禮拜以後，我們石牌道場有一位同修私下向 導師請教，導師就給他一個偈去參。哇！我偷聽到這個偈，心想在同修之中也有人可以開始參了，心裡就非常的急，那一天 導師說：「張老師！這無相念佛的書要校稿，有一位許大至許菩薩、還有另一位菩薩已經初校過了。」噢！這兩位都是開悟的人， 導師怎麼會讓我來校稿？是不是對我有很大的期許？那我應該有希望，就覺得信心又起來了。那時候正是在參究的重要過程中，我對家裡相當的疏忽，時常不言不語，吃飯時常常不說話，臉上都沒表情——隨時都沒表情就是了——因為當你在參究的時候，覺得參禪是最重要的，所以外境都疏忽掉了。

有一次在家裡陽台沖水刷洗，刷一刷、刷一刷，沖陽台的工作做過不下幾百次了，但從沒有像這一次那樣，我沖乾淨以後就定在那個地方看了：奇怪！以前都是看到水面的浮光幻影，心被這些幻影所轉，那天怎麼不看浮光幻影了？從遠處一直看過來、看過來，我居然發覺祂就在這裡，以前我為什麼找不到？

過去我一直親近《金剛經》和《六祖壇經》，對《六祖壇經》的「一念不生」和「明上座，哪個是明上座本來面目？」對這些印象深刻，當時我就去觀照祂，那幾天晚上睡不著覺，就在三更五點鐘時，很想打電話吵 導師；後來一直忍，好不容易過了七點才打，導師就在電話中和我問答；導師說還不是，還不只是這樣子。就這樣連續吵了 導師三天才算圓滿，覺得很不好意思。

但是心裡覺得非常好，我在學校教書，有的學生留級了，發成績單時看到留級了，我也很高興——看到什麼都很高興，覺得沒有比開悟更高興的事情。當你悟入了以後，覺得整個心很難形容。我們那時候是修了一年兩個月，到現在是五、六年了。在過去兩年，我在陽明精舍也帶了一個班級，和大家共修，也是眼見一個同修接著一個同修出來。本來我們那個班級進進出出有八十幾位，有的來了又走了，到最後，有緣的人很多人都成就了。

這當中我覺得非常感激，每一位眾生、每一個來學的同修都是我的老師；因為我個人的人生經驗閱歷都非常有限，而每一位同修都提供我在心性上、在世間學問上、甚至在法上非常多的訊息。也從他們身上，讓我深深覺得，每個人都是大菩薩的示現。雖然表面上好像是我在指導人家，實際上眾生給我的恩惠，是幾百倍於我所付出的，真的非常感恩所有的同修。

後來由於因緣的關係，我們在兩年的時候把陽明精舍的所有班級做一個結束，不再於那裡開班了。在我的班上，我不方便說有幾個人悟入，但可以說：真正能夠信受，信心具足，將 導師的話真的去做，照著去走，這樣的同修，多半都有成就。

就算是還沒有悟入的人，在他的生活上都有非常好的轉變。比如有一位同修，她在幫人家洗頭，幫人家修指甲，以前煩惱總是非常的重。因為來熏習聞法，雖然到現在因緣改變了，沒有再繼續來共修，但她過去那種煩惱習氣，已經從修學佛法中得到很大的改變；她轉變，家庭也跟著轉變。她以前幫人家修指甲時都是談一些世間的是是非非，現在她也可以跟人家講佛法了，你看是多麼不可思議！

我非常感恩 導師，我常說跟 導師非常有默契；在最近幾次，導師應大眾邀請出去跟大家說法，我在旁邊護持的一些感受，覺得 導師真是慈悲心切。而且，各位也可以從 導師條理分明，層次井然的講示中，獲得甚深法益。像今天講的「禪、淨」也是個老題目了，但是 導師講的理論之紮實、思惟之細密，而且引經據典；在座有很多大學者，不曉得你們的感覺怎麼樣，我自己是佩服得五體投地。

當然我自己閱讀的經藏不多，即使是閱讀很多經藏的同修，我想你對 平實導師也是另有一番看法，特別是他走過來的境界，加上經典上的考據印證種種，我想這個法門要弘揚開來是很有希望的。

但是基本上我們認為：這個法門並不太適合大型的公開演説——譬如在國父紀念館、國際會議廳等場所。這個法門不太適合一般人的學習，必須是你在法上、在理上，真的想要求法，而且最好是在外面到處打轉過來，求法心切而修不出來的人，跟我們這個法是會蠻相契的。剛剛兩位同修的問答，的確是很有智慧；假使你只是剛開始接觸，就能問出這麼深的道理，我覺得你是非常有希望的。在座其他人也是一樣，希望我們都是菩薩道上的同修，都能在 平實導師的指導下同證菩提。謝謝大家！

〔許大至老師開示〕：

早上我去佛恩寺做工，下午就這一身來了。我是個根基比較普通的人，以前持名念佛前後大概念了十年；我也蠻認真的，一個禮拜共修大概四、五天；可是念了十年下來，「一心不亂」是什麼？到處問都問不到，那我就有點慌了。我只想到念佛往生，因為當時我只知道念佛可以往生極樂；能不能明心、見性？沒有想過，也不敢想。後來中央信託局佛學社成立，我剛好被選為副社長，　平實導師有因緣去開課，剛開始也是教我們打坐數息，不是一開始就教導無相念佛，當時每個人在數：「一、二、三……」我沒有數，　導師不知道（眾笑），我在偷數：「南、無、大、慈、大、悲、阿、彌、陀、佛。」（眾笑），伊嘸知樣啦！（台語，眾又笑）因為那時候我很精進的在念佛。所以我「南無大慈大悲阿彌陀佛」還是照念不誤，就是這樣；我想臨到死了還是要念佛。後來我覺得在那裡可以學禪、又可以念佛，我就有興趣了。

有人告訴我，念佛念不好就是定力不夠，後來我去翻閱淨土宗祖師的書。第一本，我想到慧遠大師在廬山領眾念佛，一百二十三個人念佛，一百二十三個人往生成功，一定有它的道理。遠公從佛陀跋陀羅三藏法師授念佛三昧，觀其《念佛三昧序》中所講的，是「從定中起，見阿彌陀佛滿虛空」，原來他是定心念佛。我們平常都是散心念佛，因為我們持名念佛的時候（我不是說它不好），心比較散亂，一忙功夫就散掉了。

在打佛七時很好，尤其到後面那幾天蠻好的。但其實你把佛七後面那幾天功夫慢慢開發出來，打佛七到後來幾天，雖然有的時候沒有在唸——佛號沒有提起來——仍感覺有佛在，其實那就是憶佛念佛的開始；當時你沒有語言文字，你也可以感覺佛在心中，這便是憶佛、念佛了。這持名功夫深入的人，一心趕著要去念佛，什麼事都丟下不管的一直念，念三個月，保證每個人都會憶佛。

其實我們都不甘願寂寞——心不肯死——跟我以前一樣。到後來因

為碰到 蕭導師，他把這個功夫開發出來了，教我們如何從動中去拜佛，去憶佛、念佛。剛開始教時，我也弄不懂，後來才找到訣竅。當時在想：「奇怪？憶佛念佛到底是怎麼回事？」這一個問題弄得我僵持不下，這事非常嚴重，非得解決不可。到有一天我想起一個方法——看一張懺公畫的 阿彌陀佛的聖像。就一直看、一直看，嗯！把眼睛閉起來，感覺佛還在嘛！後來又一直看、一直看，看久了，咦！就在心中，祂還在嘛！啊！原來這叫做憶佛念佛；那個覺受就是，沒有錯。等到我學會憶佛念佛以後，我才真的知道那叫憶佛念佛。

憶佛念佛講的是那個憶念隨時隨地都在，我在上班的時候也始終保持著；不像持名念佛，一忙就散掉了，公司一忙、一做事就忘掉了；而憶佛念佛就是讓我們每天在佛七裡頭，每天二六時中念佛，很好，所以進步特別快。

在當時，我雖然在洗手間，蹲在那裡照樣在憶佛念佛，我就在那個時候一念相應，突然明白：啊！這叫憶佛念佛。因為我是以歡喜心進去的，想到佛就很歡喜，感覺到四周牆壁到處就像開花一樣；念佛的歡喜心，非常的歡喜，到處都是歡喜，感覺阿彌陀佛就在眼前，在跟你點頭；我一面走一面笑，同事覺得我好像是瘋子；我一面走一面笑，好高興！後來就躲到會議室，坐在那裡，噢！看牆壁就像開著花，就像佛遍佈一樣，我才知道，原來這就是「念佛」，以前佛號唸了十幾年也不懂；那時候才知道原來這樣就叫「念佛」。

從那以後，我對憶佛、念佛就有信心了，我開始教人；因為我在別的地方也有主持共修，但是一開始，這無相念佛的書，要送人家也不好送，所以先教大家無相念佛。我講這個過程雖然很簡單，其實用意在說明：經中告訴我們，末法時代念佛特別容易相應。這時眾生的根器業障比較重，多念佛容易消業，利用憶佛念佛去消業；消到一個程度，功夫好了，動中功夫也不錯了，慢慢再轉入看話頭、參話頭去參究，去破參。

破參以後就明心啦！或者接著見性。就像剛才 導師講的，開悟往生是上品上生，立刻成為初地至八地菩薩，為什麼不去？以前聽到上品往生，想都不敢想！連能不能往生都不知道，大家都那麼講嘛！對不對？

因為 蕭導師的關係，用這法門慢慢培養，膽識就越來越大。以前聽人家講上品往生，連想都不敢想呀！根本就不會想到；但是我現在想想，其實明心、見性是小事，為什麼？它僅是「見道位」嘛！成佛你都敢，見道反而不敢，那你成什麼佛啊？你怎麼成就佛道呀？所以我很簡單的作個結論：這個法門，沒有碰到就算了！碰到了，你不學，冤枉！

（大眾熱烈鼓掌）

〔平實導師總結開示〕：

剛才幾位大德這樣的讚歎，愧不敢當。我的意思是，我們學佛應該要平凡的去學，實在的去學；所說的話要言之有物，所修證的法、要以正確的法為修證的次第；不要像某一些人說法好似在高空行雲一樣，你站在地面上，想要到上面去，卻又太遠了。我希望我們大家學佛應該是：很快樂的、層次分明的、可以實實在在的去證驗——要能夠證驗。

現在善知識告訴我們這麼多的修證法門，它們是在哪個層次？到了這個層次以後，我們應該要再做什麼？這些層次與次第應該很分明。學佛應該如此，而不可以什麼實際的法門都沒有修，就希望一步登天。學佛可不能這樣，所以一定要建立一個正確的次第，不管是見地上的次第，或是功夫上的次第，都必須要次第分明，而我們到任何一個地步都可以檢查：檢查我們現在是到哪一個地步？這樣的話，修行就會很踏實。

修行絕對不可以像空中樓閣一樣。因此，我的建議是：既然要學佛，那就要找一個真正的法；這個真正的法，你一步、一步去做，你可以親證檢查：我現在是走到哪裡了？接下去我應該如何做？我接下去的目標是什麼？這樣一步、一步的去做，這是我們學佛應該要有的觀念。

此外，知見一定要正確，沒有正知見就不可能發起見地而只有知見，見地是悟後的事。知見要從哪裡來？多聞知識：多聽善知識的開示。但是我剛剛也講過，我們娑婆世界惡知識很多——假名善知識很多。哪些是真正的善知識？如果你沒有能力去檢驗的話，那也只有隨緣了。所以我們常常強調福德因緣非常重要，沒有福德的人根本不可能學這個法。我們悟了以後，要盡可能把我們跟善知識所學的、所悟的東西，在善知識為我們印證以後，去檢查他給我們的印證，到底是冬瓜印還是玉璽？我們就要把他所印證的內容，拿來跟所有的了義經典求印證，而且不能只用一部經印證。

有的人只用一部《金剛經》來印證，這樣很危險；因為《金剛經》講的是空，它是講般若空；但是 佛說般若空的時候卻又隱藏著「心真如空性」的密意，但是，它主要在般若空上。但很多人誤會了《金剛經》，當他修學佛法打坐時，到達一無所有的境界，他認為這就是證得空性，誤以為就是能所雙亡，其實不是這樣。

只用一部《金剛經》印證很危險，因為經中的法義深妙，文字卻極平易近人，很容易被誤會而自以為悟。必須要配合《維摩詰經、楞伽經》，必須要綜合經論來全面印證，必須你所悟的東西與每一部了義經都相通。有時經講「離見聞覺知」，「不觀是菩提。」有的時候卻又講「知是菩提」，所以你悟的內容一定要每一部經典都可以通——全部都通，這樣的悟才是正確的。所以悟的證驗、檢查非常重要，不然的話可能會變成大妄語——未悟說悟。

所以經裡說：「未證言得證，死言入涅槃；眾生信起塔，而自入地獄。」佛這麼講：沒有證悟的人，自己騙人說證悟了，臨死時他說「我要入涅槃了」；入涅槃，那是指阿羅漢捨報。臨命終時他不講他要死了，他說「我要入涅槃了」，這是想要誤導眾生，讓眾生以為他是個證悟的聖人，甚至是個究竟解脫的聖者。他說要入涅槃，而眾生相信了，就為他起塔供養，結果他自己卻得因此而下地獄。

所以我們在修證上面要特別的小心，千萬、千萬小心，必須要用一切的了義經典都能夠印證的時候，那才可以有把握的說：「噢！我這回是眞實悟了，不錯！眞的沒有錯！」不但一切了義經都能印證，乃至一切的禪宗公案也能拿來印證。當然，悟得不真的祖師公案除外，因為《景德傳燈錄》裡面有許多祖師其實沒有悟。

關於公案的部分，我們現在有《公案拈提》陸續在雜誌上連載（編案：因擬出版單行本，公案拈提已不再接受雜誌邀稿連載。）諸位可以作為參考。這些公案你如果都能夠印證的話，那才可以有把握的說自己所悟真實無訛。在修行的證量上，必須要跟那些大悟的祖師公案能互相印證，也必須要跟全部的了義經都能印證；如果只跟一部了義經印證，第二部不能印證，那就有問題；如果只跟兩部了義經印證，第三部不能印證，那也有問題。必須跟全部的了義經都能印證，所悟的都能夠互通，這樣才算真的證悟。

參禪不可以看表相：諸如學識、年紀、地位、男女、名聲大小、出家在家。也許二年後，也許二十年後，也許五十年後，蕭平實很有名氣，但是到那個時候來崇拜就錯了。要看他的內容去判斷，這才是重要的。

所以，學佛是求真理——學佛是求真實的理——求宇宙萬有的真實相，絕對不要落在崇拜裡邊，絕對不要落在迷信裡面；即使蕭平實這三個字將來很有名了，也不可以崇拜，必須看我所講的法義對不對，能不能透過聖教量來檢驗？聖教量、聖言量非常重要，絕對不可以離開經典。

所悟的內容假使離開經典——不能與經典印證——就有問題。所以祖師常常講：「依文解義，三世佛怨；離經一字，即同魔說。」你如果依照經典文字表面意思來解釋的話，過去及現在十方諸佛都會怨你：「我們講的不是這個意思，你解釋錯了。」未來諸佛也會怨你：「因為你教導錯了，害我們走錯路，遲遲不能成佛。」可是你如果因為這樣而不依經典，擅自用自己的意思解說真如佛性的話，那麼「離經一字，即同魔說」；如果你所說的與經典有所違背，那就是魔講的。

即使將來我蕭平實名氣很大，如果我講的法與經典不符，那我所說的就是魔說，所以證量必須要完全與經典相符。

有的人悟錯了，不能與了義經互相印證，又不肯承認悟錯了，所以他就會講：「宗門與教理不相干。」（編案：當時主要是自在居士—也就是後來的法禪法師—這麼說）說開悟與否，跟經典不相干。那我們倒要請問：這些經典從哪裡來的？是釋迦牟尼佛講的嘛！釋迦牟尼佛為什麼講這些經典？因為開悟了嘛！悟了所以把 祂悟的東西講出來。既然祂講的是悟的內容，那麼這些教理是不是跟宗門一樣？應當完全相同！

所以說：「宗不離教，教不離宗。」因為開悟是悟真如、佛性，了義經是 佛悟後講真如心、講佛性，講出來的目的是要大眾由讀經的理解而修行實踐以後，可以實證經中所講的了義法；這意思是說，佛是從宗出教，祂講經給我們聽聞及詳讀，是想要讓我們藉教悟宗，所以經中所講的當然就是所悟的內容。因此所悟必須與佛所說經典完全相同；所以宗門的修行如果離開教理，就會很危險！會走偏了！教門如果不是從宗出教（解說第一義經的人，如果不是悟了再來講），那也不行，也會有問題，所以「宗、教」絕對不可分離。

因此我們遇到任何一個善知識，當我們跟他修行而被印證為悟的時候，我們要以所悟的內容拿來和一切了義經典的教理互相印證，譬如《楞伽經、不增不減經、大乘顯識經、大乘同性經、楞嚴經、如來藏經》以及《維摩詰經》等等。

尤其是《維摩詰經》，可以說是禪門的照妖鏡；任何人悟了，如果與《維摩詰經》不能完全契合，那就表示他所悟的有問題；如果能與《維摩詰經》完全契合，那就有把握說絕對沒有錯；然後再用你所悟的那個真心，來對照一切了義經，乃至唯識的經典以及《成唯識論》，都可以融會貫通。所以開悟的人必須用《維摩詰經》來檢驗，所悟的真心如果不能兩邊都通，譬如：同一個真心又是不會、又是會，既離見聞覺知、又講知是菩提，說知是菩提心、又講菩提心不會六入。這是指同一個心，不是兩個心，不是講真心不會六入而妄心會六入，不可以這樣講，但現在就有「善知識」這樣在講，那是錯誤的。

同一個真心，既不是知、又不是不知，既離見聞覺知、又有知，這很奇怪喔！好像繞口令似的。其實不是，真心的確是這樣的，這個不可思議的真心，的確要透過一段時間的參學，當你悟了真心以後，才能夠以各部經典來完全印證。

諸位！今天既然有緣在這裡大家相聚（有些是來捧場的），你若原來是在十方禪林共修的話，你就繼續學下去，你就跟著禪林的師父一步一步去修學，總有一天你會走到這個地步的，我們也不希望你到處逛道場。因為我們現在的幾個共修場所也容納不下，現在內明共修會陽明精舍因另有因緣，所以我們也不在那裡再開新班了（註）。諸位既然在這裡學，就跟著這裡的師父走，總有一天可以走出來的（編案：後來十方禪林那位師父也離開了），我們希望各位都能安住下來，安詳的、快樂的、法喜充滿的、喜悅地留下來學法；不要學得很痛苦，這樣大家一起來修行，學佛這條路就會很愉快，學佛真是好。

這樣學佛才是我們所要的，千萬不要學佛學得很痛苦。像我過去那樣苦，是不得已的辦法。過去我是因為沒有善知識來指導，摸不出路來。而現在我們把次第標示得很清楚，方向也正確的指示出來，每一個層次都為大家準備好了，所以只要一步、一步照著去修學，終究會有成就的。今天講了四個多小時，耽誤大家很多時間，感謝大家來莊嚴法會、莊嚴道場，謝謝諸位！

阿彌陀佛！

（以上係依一九九六年九月八日於台北市十方禪林演講之錄音帶整理成文）

註：欲修學禪淨圓融法門者，請函寄台北市佛教正覺同修會索取共修報名表。平實導師已成立台北市佛教正覺同修會及佛教正覺講堂，指派老師指導共修，詳情請見書末〈共修狀況表及招生公告〉。

第九章　禪與淨土答客問

〔問〕：坊間有人訶責云：「蕭老師之《正法眼藏—護法集》說開悟僅是見道位而已，名爲護持禪宗正法，實則貶抑禪宗之修證果位。開悟明心至少應位在初地，蕭老師之《禪—悟前與悟後》書中不應判爲七住或初果。此判對禪宗乃明揚暗貶，不是正法。」請問：開悟明心所證果位，應是初果、七住位或應是初地？

〔答〕：判教極難，為有「藏、通、別、圓」四教判果不同，故諸經所說不盡相同，故智者大師判教時亦云：「聖意難知。」而未敢完全確定。我亦如是未敢確定，故判果時寧可從低而判，不敢高攀果證，以免自身及眾生起慢，非故意貶抑禪宗。貶抑禪宗之修證果位，對末學個人及一切佛子均無利益，何需加以貶抑？（編案：後來已經確定了，詳見後來出版的《宗通與說通》書中所判。）（2006 年第三版加註：後來又有退轉者來函提出質疑，平實導師又作了更深入、更詳細的教判，詳見《燈影—

燈下黑》的詳細辨正。）

開悟明心時能斷一念無明之見一處住地，即是斷見惑（惡見——我見、邪見、邊見、見取見、戒禁取見），見惑斷，則三縛結亦斷，當然是初果人；但是思惑未斷，當然不是阿羅漢。但是開悟明心時也分破無始無明，明法界因——證得如來藏而了知一切法界都因如來藏而生、住、異、滅。依律部《菩薩瓔珞本業經》判為別教七住位，依通教《不退轉法輪經》的開示，斷三縛結應判為菩薩初果見地位，依三藏教應判為第四地——見地，依通教菩薩地應判為第四地——無生法忍果。若依圓教、別教而判，僅是相似即佛之三賢位初見道菩薩而已，當然是「般若正觀現在前」的三賢位中第七住位。故判教極難，佛意難知故。（第三版補註：開悟明心只是真見道位，悟後要進入相見道位中，修學一切種智而證得初地的初分道種智，方名通達位，正式進入分證即佛之初住位——初地。詳見《燈影》書中的細說。）

凡此皆因悟者於悟前之慧力、性障習氣深淺及三昧境界深淺，與福德莊嚴之厚薄差別，而導致開悟功德有所不同，並非一切悟者證果皆同。譬如悉達多太子一悟成佛，迦葉菩薩亦悟，然未成佛。若迦葉菩薩開悟即成究竟佛，則世有二佛，便成大過。正法時之迦葉菩薩開悟時尚且不是佛，何況像、末法時之中土諸祖，云何一悟便得成佛？達摩大師以下亦復如是，因根器、三昧福德、性障習氣等之參差不齊，故有一悟即入別教十地者（《大般涅槃經》說），亦有一悟而成別教七住位者（《菩薩瓔珞本業經》說），有見性成佛者（如來世尊），有見性而位在別教十住、初地、乃至十地者（《大般涅槃經》說）。故判教甚難，佛意難知故，悟後所證境界差別不同故。

迦葉菩薩乃俱解脫大阿羅漢而迴心向大，故彼悟時或入八地、諸地。中土諸祖悟時多未斷盡思惑，猶未是慧解脫阿羅漢，焉得初地八地果位？（然佛子不得因此輕視禪宗諸祖之開悟，禪宗證悟者明心、見性境界，非阿羅漢之所能知。）譬如六祖惠能大師悟後隱居十五年，出而弘法時猶未斷盡思惑，故云：「惠能無伎倆，不斷百思想；對境心數起，菩提恁麼長。」又如牛頭慧忠國師開悟偈云：「妄情不須息，即泛般若船。」皆未斷盡思惑，焉得便是八地？更不得成究竟佛。

鐵輪聖王乘鐵輪寶，唯能遊行一佛世界四大部洲中之一洲而已。銅輪聖王遊二大部洲，銀輪聖王遊三大部洲；金輪聖王最勝，乘金輪寶能遊四大部洲，亦唯能遊一佛世界而已（一佛土即一銀河系世界——一星雲漩系世界）。

然別教初地菩薩（譬如三明六通大阿羅漢迴心大乘的戒定直往而進修到初地者）有百寶瓔珞七寶相輪，遠勝金輪聖王；復有莊嚴報身，金輪聖王亦不敢直面相覷（別教中戒慧直往菩薩則無）。初地菩薩以彼身量廣大之莊嚴報身，乘彼輪寶能到百佛世界，面見報身佛。觀我中土禪宗歷代諸祖及西天之開悟明心或見性者，未見有人悟後能乘輪寶遊行百佛世界而面見報身佛者，既不是戒定直往而蒙佛加持的人，也還沒有道種智，何能因悟而判為別教初地菩薩果位？

然余此說，人未之信。所以者何？觀乎《十地經、華嚴經十地品》及諸經典，皆未曾說此，不免懷疑。然律典之《菩薩瓔珞本業經》則有明確開示：凡是三明六通大阿羅漢迴心大乘而悟入者，下自初地，上至諸佛，皆有輪寶，地地轉勝，轉輪聖王之所不及，凡是戒定直往者皆應該如是。

佛云：「歡喜地，百寶瓔珞七寶相輪；四天王、萬子爲眷屬；百法身，爲百佛國中，化十方天下。」乃至諸佛皆有「無量功德藏寶光瓔珞千福相輪，法界王及一生補處菩薩爲眷屬。」佛云：「佛子！是上瓔珞相輪，一切佛及菩薩，動止俱遊，常隨其身。」故知此說真實，絕非杜撰。

觀乎禪宗中土諸祖，未見有人悟後得此輪寶而面見諸佛報身者；古時西天亦曾有慧解脫阿羅漢迴心而入大乘中證悟者，卻仍然無法發起道種智，也無法這樣子做到，可見初悟之時仍然不是初地。今時真實證悟之人，尚不敢以初地菩薩自居，何況癡狂禪子所悟不真，乃敢以初地自居乎？更敢狂言道：「一悟即超凡越聖、見性即成究竟佛。」皆因狂妄、或被誤導而不讀經律，致有此過。

雖然如此，佛子亦不應認為中土禪宗諸祖皆是未悟、或皆是解悟。《傳燈錄、五燈會元、指月錄、續傳燈錄》等所載諸祖，固有許多未悟錯悟之人，然亦有許多真悟之人。此諸祖各有法脈傳承，何者真悟？何者錯悟？非真悟之人不能知之。禪子若未證悟，萬勿恣意評斷，以免誹謗賢聖僧寶，捨報後遭致無量慘痛之果報，悔之莫及。

凡真悟之人，不以靈知之心為真，證知此心之虛妄不實而得我空，故不生慢心。即使為護持宗門正法、而拈提諸方、摧邪顯正時，心中亦無慢心。絕不會執著果相，更不會計較果位之高低，故判果時寧可從低而不高攀。智者大師之修證，迄今少人能及，然亦謙稱為五品弟子位（應是圓教），故末學判果亦從低而判、保守而判。

智者大師乃判教專家，彼亦認為地下菩薩及聲聞人所見皆是應、化身佛。地上菩薩方能見報身佛。如上所述初地菩薩功德，乃至《楞伽經》所述大乘照明三昧中「諸佛為現一切身面言說」者，中土禪宗諸祖中，恐無一人得者。故一般人開悟明心時不應判為初地，應依《菩薩瓔珞本業經》判為七住；以明心之人亦斷三縛結故，依《不退轉法輪經》亦得判為菩薩初果，不論在家出家，皆是菩薩僧，非依聲聞、緣覺法而悟故。

眼見佛性者應依《大般涅槃經》見性之最低階位而判為別教十住菩薩，除非另有其他功德伴同顯現，方可依經高判。如此判果，不唯可免高攀生慢而障修道，亦免誤判而成就大妄語業。茲將智者大師於《摩訶止觀、四教義》中判果之內容，予以摘錄製表對照。乃三年前為說童蒙止觀而作，今附於書末，以饗讀者。佛子詳細對照後，即知智者大師判果之意，實與末學所判無別，無須末學多所饒舌也。欲知智者大師判果之詳細內容，請逕閱《摩訶止觀、四教義》，即知大師之意。

又：《菩薩瓔珞本業經》卷上，佛云：「佛子！三賢菩薩伏三界煩惱粗業道、粗相續果，亦不起粗。是見道喜忍伏三道業道，離忍伏人中業道，明忍伏六天業道，焰忍伏諸見業道，勝忍伏疑見業道，現忍伏因業道，無生忍伏果業道，不動忍伏色因業道，光忍伏心因業道，寂滅忍伏心色二習業道，無垢忍伏習果業道，習前已除而果不敗亡。是故佛子！三賢名為伏斷喜忍。以上亦伏亦斷，一切煩惱覺忍現前時，法界中一切無明頓斷無餘。」

又云：「佛子！無明者，名不了一切法，迷法界而起三界業果。是故我言：從無明藏起十三煩惱，所謂邪見、我見、常見、斷見、戒盜見、果盜見、疑見七見，見一切處求故說見。從見復起六著心：貪、愛、瞋、癡、欲、慢，於法界中一切時起。」

又云：「佛子！一切煩惱以十三爲本，無明與十三作本。」

由以上經文亦知菩薩見道只在三賢位，見道而得通達時方得喜忍，能伏三惡道業道，永不入三惡道。仍須再修離忍，伏人中業道，得入二地；修明忍，伏六欲天業道，入初禪天境界，得入三地；……乃至修無垢忍，伏三界習果業道，方才滿足三僧祇之修行；故一般佛子開悟明心，只是菩薩見道而已，應判為別教七住位。

凡執著**開悟必是初地**，或執著**見性即是究竟佛**者，皆名果盜見，皆是未破無明者。破無明者了一切法，一切法者真如、佛性。了真如、佛性者不迷法界因，證知真如、佛性於世間一切法中皆無所得。得無所得法者，其心漸轉清淨。戒定直往菩薩以清淨心念佛者，即能漸漸具足一切世、出世間法，自然而有輪寶、顯現莊嚴報身，能面見報身佛，此即戒定直往的初地分證法身所起功德。人間戒慧直往菩薩則須悟後學一切種智，次第轉入三地，加修四禪八定、四無量心、五神通後，方得三昧樂意生身及輪寶（編案：詳見《學佛之心態》第337頁詳述）。

且觀中土禪宗諸祖，悟後分證法身而現莊嚴報身、輪寶現前、面見報身佛者，殆無一人，然而卻正是真實開悟明心之見道賢聖。痴狂錯悟之禪子，尚且未能悟入，焉得狂言「開悟必是初地」？何可妄言「見性即是成佛」？然雖如是，佛子亦不應輕忽禪宗般若禪之證悟者。禪宗證悟之人雖僅位階別教三賢位之第七住，卻已是三藏教之初果聖人，已是通教第四地無生法忍果之聖人。依別教判果，名為外聖內凡賢人；但若從外道及未見道之佛子等異生位而言，此諸證悟之人即是大乘通教聖人，不得輕易誹謗。否則即成誹謗賢聖三寶，成就地獄業；捨報後，一切功德乃至十地功德皆失，必下地獄。

又禪宗證悟祖師若依如來藏系唯識諸經修學五法三自性、七種性自性、七種第一義、二種無我等八識心王諸法後，復修伏性障，令思惑永不現行，及發十無盡願者，一生即可因見道之通達而發起道種智、進入初地，並因百法明門之證驗具足而入二地；此乃依《華嚴經十地品》修法之戒慧直往初地、二地菩薩，雖無輪寶及神通，貌似凡夫，然卻是初地、二地聖人，一切錯悟者及凡夫外道、二乘無學所不能知；戒定直往之初地菩薩雖有輪寶，亦不能測其智慧，非可輕謗。

末法狂禪之人，不知《傳燈錄、五燈會元、指月錄》等古時編輯者未具道眼，凡見有法脈傳承而有名聲之祖師便予列入，不知其中魚目混珠者比比皆是。譬如馬祖大師出道初期，勘驗經驗不足，亦曾誤予多人印證，彼等諸人便因此被公認為悟者，如此一事，實僅海中一漚而已。今人不知，往往錯執其中所錄一切祖師皆是悟者，便不許他人評論。若不評論，末世禪子便不能知何者是真珠？何者是魚目？便被魚目混珠之師所述邪見耽誤。

如今禪者，能於諸祖中分辨真珠與魚目者，少有其人，此須真實證悟始得。真實證悟則能完全符合一切了義經典，七通八達，無有凝滯。

今時狂人，尚無禪宗般若現觀開悟明心七住之見地，不能印證一切了義經典，觸處凝滯，何得狂言即是見道？何得狂言開悟即是初地？

禪宗之衰頽，固與末法佛子著相有關，亦因愈近法滅之時，佛子愈聰明伶俐，見慢愈深重，見取見極強，極剛強難度，故菩薩乘願再來者轉趨稀有，而使禪宗名存實亡。復因歷代祖師之淺悟者，每類狂禪，有謂「見性即是佛」者，有謂「一悟即超凡越聖」者，有謂「三藏一大藏教是老僧坐具」者。

凡此皆為因應時代背景而以毒攻毒，為破除佛子對教相、果位、凡聖等執著而對症下藥，乃方便說法。後世禪子不知，執以為實，便生禪慢，不信　佛說諸經，反以錯悟祖師之說法而印證自己開悟，乃謂「宗門與教門不相干」，棄教門經典如敝屣（編案：此即是指自在居士，出家後名爲法禪法師）。此類人因見生慢，難可得度。

為有以上諸情，一切真悟之人判果時，皆必謹慎小心，再三斟酌，從低而判。若悟後高攀果證者，必對真善知識的如實判果不服，出而毀謗，此人乃因**見取見**而生慢，則其所悟非真，故於果位產生執著；復於佛說諸經不能印證通達而生疑慢，因此高攀果位，以邀名聞恭敬；此乃**果盜見**，不是真悟之人，佛子不應信受。

開悟證果者無果可證，唯是分證解脫而已。若有果可證，轉被此果束縛，即非解脫；《金剛經》述說此理甚明，禪宗佛子何須因我「從低」判果而心生不平耶？

〔問〕：近來佛子間謠傳云：「台灣光復至今逾五十年，得往生極樂世界者，只有三十餘人。」然汝於《念佛三昧修學次第》書中，列舉淨土三經云：「乃至一念發願，願生彼國，即得往生。」若一念信樂，願生彼國，即得往生，則五十年來往生極樂者必定甚多，因何只有三十餘人？

又《無量清淨平等覺經》卷四，佛告彌勒菩薩：「從我國當有七百二十億阿惟越致菩薩，皆往生無量清淨佛國。一阿惟越致菩薩者，前後供養無央數諸佛，以次如彌勒，皆當作佛。」佛又云：「及其餘諸小菩薩輩者，無央數、不可復計，皆當往生無量清淨佛國。」

台灣光復以來，念佛求生極樂世界之人極多，然今傳言已生極樂世界者，迄今唯有三十餘人，與淨土三經所說，差異甚大，究竟何說為是？

〔答〕：念佛人求生極樂者，當思自心一念願生時，其念至誠否？深信否？有無福德善根因緣可供迴向發願往生否？若未具足此三種條件之人，於聽聞不可思議難信之念佛法而當場信受，一念發願，願生極樂，直至命終之時，不曾懷疑改願者，「其人壽命、病欲終時（猶如夢中），阿彌陀佛則自化作形像，令其人目自見之，便得往生。」此是佛語聖教；然此種人往生之時無有瑞相，雖已往生極樂，人不能知，無有證驗。

又此類人同於一般念佛人往生極樂，非屬上品上生，亦非中品上生，皆需住於蓮苞之中；短者極樂世界之一夜而花開見佛，長者乃至下品下生之十二大劫方能花開，只聞觀世音、大勢至菩薩音聲說法。極樂一天，相當於此界一劫；故菩薩摩訶薩前往極樂世界之實報莊嚴土、方便有餘土、凡聖同居土欲見此類人時，亦不能見之，都仍在蓮苞中尚未出世故；所能見者唯有上品上生及中品上生人，餘人往生後皆在蓮苞中住故。然上品上生住實報莊嚴土之人，及中品上生住方便有餘土之人極為稀有，大多是住於凡聖同居土中，故云所見唯有三十餘人往生。

又前舉《無量清淨平等覺經》卷四經文應予闡釋，佛子便知台灣地區迄今唯有三十餘人往生極樂世界之理：

世尊開示 彌勒菩薩云：「從我娑婆世界釋迦牟尼佛國，未來將有七百二十億不退菩薩，都會往生無量壽佛清淨世界。每一位不退菩薩，於往生前及往生後，必須供養許多世尊，其數乃至無量數、不可數。如此次第供養聞法，隨佛修學，漸漸修到猶如彌勒菩薩一樣的境界之後，都將成佛廣度眾生。」

又云：「除了上述七百二十億不退菩薩在未來將往生極樂世界以外，其餘未修到不退位的小菩薩們，其數無量，不能計算其數目，這些小菩薩們也都將在未來往生阿彌陀佛極樂世界。」

娑婆世界泛指 釋迦牟尼佛所度化之區域。一佛世界即是一個三千大千世界，即是一個星雲漩系。吾人所住之星雲漩系，由側面觀之，形如銀河帶狀。若從銀河上方或下方正面觀之，形如漩渦，其中約有二千億顆太陽。每一太陽各有數量不等之行星、衛星環繞，其數甚多，天文學家亦不能明確計算其數量。吾人所屬之太陽系九大行星位居此娑婆星雲漩系之邊緣，據天文學家之觀測結論，由此太陽系出發，經過星雲漩系中央，到達正對面之邊緣，以光之速度前進，需時十萬年方能到達，佛子試思此娑婆世界如何廣大？

吾人所住之太陽系大小星球既然有人及非人居住學佛，此銀河系之其他太陽系亦必有人及非人居住學佛。不可謂唯此太陽系有生命，餘太陽系皆無生命。試思此地球住六十億人，復有傍生及鬼道等無量無數有情，餘八大行星及太陽中復有非人居住，其數亦復不可計知。則此銀河系中之二千億太陽系星球，究竟有多少有情？非吾人狹劣智慧之所能知也。

又此銀河系娑婆世界學佛之有情，無量無數不可計知，七百二十億菩薩雖眾，相較於全部太陽系行星有情，則其數甚微。若以二千億太陽系平均計算，則此太陽系中能有多少不退菩薩往生極樂世界？此諸不退菩薩，有住於地球人間之佛子，有住於地球之非人佛子，有住於九大行星及諸衛星之非人佛子，有住於諸方太陽系諸星球之佛子……此諸極多星球所住之非人佛子及地球上所住之非人佛子，其數為地球人間佛子之數百倍、數千萬倍，難以計知。試概算之，則此地球人間佛子能往生極樂之不退菩薩能有多少人？

在阿含部經典中 佛云：「此娑婆世界復有百億四天下、百億四天王天、百億忉利天、百億他化自在天乃至百億色究竟天。」若再加計此百億之色界、欲界共二十四天之不退菩薩，則此地球人間之不退菩薩能有幾人？其數更少，絕非眾多！再將此不多之數目分配於台灣一島時又能有幾人？若能分得三、四百人，已是喜出望外。而此三、四百人非於五十年、五百年中往生極樂之數，乃 佛滅後一萬年中往生極樂之數。是故若有人說，台灣地區光復迄今五十年來，念佛人往生極樂世界之上品上生及中品上生人，雖說為僅三十餘人，其數已屬偏多，不可謂少。

至於其餘七品往生之人，皆在蓮苞中住，吾人設若能於極樂世界來去自如，亦不能見之，唯見七寶池中朵朵蓮苞而已。此七品往生之人即是 佛云：「及其餘諸小菩薩輩者無央數不可復計，皆當往生無量清淨佛國。」

極樂世界之菩薩，若欲見任何人，不須尋街覓户；一念即至，當下便見。其餘往生者皆在蓮苞中住，須俟性障消盡、業力消失，方能花開，蓮花開敷之後始能得見。故三十餘人往生之説應屬真實，不違淨土三經經文中 佛所開示。

此銀河系於一萬年中（天界不退菩薩之往生則不限於此一萬年中），將往生極樂世界之七百二十億菩薩，皆是不退菩薩。不退菩薩有三種：

一、念不退：八地以上菩薩，念念任運增進，未曾一念退失。

二、行不退：初地以上菩薩，凡一切行支，皆所精進，未曾有放逸、懈怠或退轉之行。

三、位不退：七住以上菩薩而得佛菩薩或善知識護持攝受者，永不退失。

七住位菩薩雖永不退失，然偶而行為懈怠或放逸，非屬行不退；偶而心中起念懈怠放逸或生疑，非屬念不退。此七住之位不退者即是明心之人，錯悟之人不在此中，明心後不能安忍阿賴耶識心體之本來無生者亦不在此中，仍在六住位以前，進進退退，非不退菩薩。

真悟之人，若不得諸 佛菩薩或善知識攝受護持者，不久退失七住。若自以為是，而不接受真善知識攝受護持者，亦退失七住位。若慧力不足而遇惡知識者，必不信受 佛菩薩所說經論，改信惡知識所舉未悟、錯悟祖師之開示語錄，亦退失七住位，即非位不退，即非阿惟越致菩薩。

故《菩薩瓔珞本業經》卷上 佛云：「諸善男子！若一劫二劫乃至十劫，修行十信得入十住：是人爾時從初一住至第六住中，若修第六般若波羅蜜（禪宗之禪—般若禪、祖師禪也），正觀現在前（開悟明心故般若正觀現前），復值諸佛、菩薩、知識所護故，出到第七住，常住不退。」又云：「佛子！若不退者，入第六般若，修行於空，無我、人、主者，畢竟無生，必入定位。佛子！若不值善知識者，若一劫、二劫乃至十劫，凡不信受佛說，而信受惡知識或未悟、錯悟祖師之開示語錄，不受當代真善知識之攝受者，皆必落入常見，退失無生忍。故佛又云：「如我初會眾中，有八萬人退。如淨目天子法才、王子舍利弗等，欲入第七住，其中值惡因緣故，退入凡夫不善惡中，不名習種性人。」

退菩提心。」

菩薩欲見道明心而得無生忍，甚為不易；真善知識難值遇故，欲悟明真心如來藏，非常困難；信力、慧力不足故，悟後大多生疑，不能忍於如來藏之無生，又復退回常見中——以一念不生之靈知心為真。或有悟後不疑之人，因遇惡知識否定而退回常見之中，便失無生忍。如佛初會中見道之無量數人天，尚且有八萬人退失，何況末法今時之寡信佛子而不退失？此等人於未來多世，仍將時進、時退，直至信力、慧力具足，方得忍於如來藏阿賴耶識心體之無我、無生而得不退。與其時進、時退，浮沉不定，不如早日求生極樂。雖不能得上品上生，可求中品上生。即使不能得中品上生，亦應早生極樂。誠恐信力、慧力不具足時，忽聞前所未聞之了義正法，不能安忍於如來藏之本來無生，反生懷疑，誹謗正法、抵制正法。生前不能覺知其果報，故不信謗法有果報；一旦死後果報現前，便失人身。若失人身，多劫難復；過去多劫所修、所集善根，一時皆失。

所以者何？謗法之人即是誹謗三寶，犯此戒者，一切皆失。《菩薩瓔珞本業經》佛云：「……。九、不瞋乃至非人。十、不謗三寶。若破十戒，不可悔過，入波羅夷。十劫（於地獄中）中，一日受罪八萬四千，滅八萬四千生，故不可破。是故佛子失發心住，乃至二住、三（賢）位、十地，一切皆失。」

佛子所悟，若未能以全部了義經典印證，萬勿嫌謗他人所說法。萬一誤評正法，便成就謗法罪。此乃斷頭罪，不通懺悔，必入地獄十劫，每日受罪八萬四千。過去多劫所修，乃至十地功德全部皆失，何況淺薄之五住、六住功德焉得不失?為免此過,故勸佛子早生極樂,以免沉淪。

末法時代,訊息流通發達,佛子因而聰明伶俐,因之而生見慢,稍有不慎便犯謗法罪。偶一犯之,便成波羅夷罪,懺悔無用,必入地獄。此類佛子因見起慢,剛強難化,自是非他,已經成習;以其錯悟之妄心—離念靈知—欲求我印證,不獲印證之故,便誹謗於我,謂我非正法。此類見慢之人分佈台灣南北,阻礙諸多正知正見之法師弘揚正法,不唯為諸佛子而作惡緣,亦乃斷絕自己往生極樂之路,最慈悲之 彌陀世尊亦不願攝受之,甚可憐憫。

邇來台灣南北,弘揚月溪法師邪說者甚多,其中不乏大居士、大法師,名為弘揚佛法,實則毀壞宗門正法根基。若彼邪法長期延續流傳,誠恐佛法大城不久傾頹。此諸人等不知自身破法,乃竟誣指末學破法。

以邪見之師極多,勢力龐大故,吾擬出版《正法眼藏—護法集》時,吾諸同修深表憂慮,恐吾或遭不利。然我護法心切,義無反顧,決定出書。有諸同修因此祈求　佛菩薩指示，結果皆同：「應予出版，護持正法。」

一九九六年初，有專門弘揚月溪法師邪法之在家居士團體，舉派三人於某大居士處，與許大至老師、陳師兄及末學相見。彼三人與吾情商，願出版末學之著作，廣泛流通，條件是取消出版《正法眼藏—護法集》。彼等認為：「蕭老師所度之對象乃佛子中之頂尖份子，大約百分之五，那些人由你來度。其餘百分之九十五的佛子，與其讓他們在紅塵道場打滾，不如讓他們在月溪法師的法裡面打滾。」

此說似有道理。然此百分之九十五的人若信受月溪法師邪法，則宗門正法將來便無立足之地，必定消滅、失傳，末學乃當場婉拒。但為顧慮佛子情誼，乃主動延後半年出版，以免障礙彼等著作之發售流通。

所幸《正法眼藏—護法集》出版後，彼等已認同吾法（編者於二〇〇四年補案：然由其徒蕭〇〇個人於此二年來之行爲以觀，證明法禪法師——自在居士——今仍堅持月溪法師邪法爲正法，仍然不肯改正），亦有許多大法師、大居士認同，咸認「此書之出版，正是時候。」此書減輕彼等正法諸師弘揚正法時之障礙，吾願已達，無比欣慰。

亦有佛子執著出家、在家表相，責我云：「蕭平實專門批評出家人。」末學欣慶此生未如過去多生剃髮出家，若出家已，此生便不能如此放手護持宗門正法。末學一向存有出家為僧之念，故鼓勵佛子出家，亦認為弘揚正法應以出家菩薩僧為主，在家菩薩僧為輔，讚歎擁護一切出家僧寶。然應提防天魔化作僧寶形像，將外道法置於佛法中而誤導佛子。欲摧伏此種假名僧寶，則非出家身之所能為，唯有在家身始能方便為之。故我評論月溪法師，非是評論出家人，乃是評論月溪本人。茲因末學之評論解析，彼諸弘揚宗門正法之大法師、大居士，於弘揚正法時之障礙便得消除，我所護持者，此諸善知識也。

然有見慢之人，寧可棄置佛語而採信未悟祖師對於了義經典之錯誤解釋，以印證彼之所悟，推翻經典原意而誹謗於我。亦有見慢之人，往往引述古時被人錯印證為悟之未悟祖師所說語錄而誹謗於我，不肯依經典原意弘法。

佛子當知：宗門正法之證悟，若不能與唯識如來藏經典及《成唯識論》完全印證者，即非真悟，應速捨棄，重新參詳，莫固執錯誤之「悟」而謗正法；謗正法時猶以為自己所作是護持正法。佛子須知：護法應依經典佛說原意為準，不應以違背經典之祖師所說者為準。若以祖師所說而推翻佛於諸經中所說妙法，乃是誹謗三寶——謗法。謗法之人即不得生西，佛子務必敬慎戒懼，小心提防。

末學因此主張：「所悟若不能與《成唯識論》完全相符者，最好忌口不說般若。」此土末法時惡因緣甚多故，是非極多故，稍有不慎，便隨惡知識謗法，成就地獄業，以前修集之一切功德皆失。故禪宗祖師云：「禪之一法，得則疾成賢聖，誤則速入塗炭。」佛子對於所悟真假特須在意，對於錯悟而導致謗法之事，不可不防。若生極樂，便無此諸惡知識及諸惡因緣，不會再被誤導；故勸佛子於往生前，儘量忌口，一心念佛求生極樂。

若犯五逆、十惡罪而不謗正法者，尚能以往昔世之善知識因，而生極樂——下品下生。一旦誹謗正法及大乘經典者，便不得往生極樂，因為最慈悲的彌陀世尊也不願攝受謗法之人，那時只能墜入地獄中受苦多劫。佛子欲求往生極樂者，務必注意，慎莫謗法。

又：大乘經所說，甚深極甚深，難信極難信。所以者何？地上菩薩境界難可思議、難可信受故。七住菩薩明心、十住菩薩眼見佛性，已非阿羅漢、辟支佛之所能知，何況一般佛子？焉能臆測？故不應以錯悟、未悟之凡夫無智或二乘聖人之淺智，對菩薩所悟妄加臆測而誹謗之，免生惡業。若得上品上生、中生而往生極樂，非唯此地七住明心般若實相智慧，非唯十住眼見佛性智慧，乃至諸地智慧境界皆得具足，何有難哉！故應求生極樂。

極樂世界真實有，真實殊勝。《華嚴經》所示諸世界海及地上菩薩境界真實有、真實殊勝。《十地經》及《華嚴經》所說，真實可修可證，非虛妄語；故其中所說世界海及極樂世界等，亦應真實；茲依淨土三經等，證實往生極樂者必有廣大利益，佛子應誠心信受，日日增長信心，發願往生極樂，速證無生法忍，不離極樂世界而往十方世界弘揚諸佛正法。

附錄一：師尊而後道顯

——恭錄《善恭敬經》供養一切學人：隋天竺三藏闍那崛多譯

如是我聞：一時婆伽婆住在如來本所行處寶莊嚴殿。爾時世尊與大比丘及諸菩薩摩訶薩等，并餘無量百千萬億四部大眾，左右圍繞，共會說法。爾時長老阿難從坐而起，整理衣服，右膝著地，以十指爪合掌向佛，身心恭敬而白佛言：「世尊！如來常說有多聞者有大功德，若復教他立多聞處，世尊！彼善男子得幾所功德？」作是語已，默然而住。

爾時世尊告長老阿難言：「阿難！汝既問我，以是義故，我當爲汝譬喻解釋。所以者何？智者於義，譬喻得解。阿難！譬如三千大千世界所有樹木、百卉、藥草，若小若大，乃至似於如橫一指從地生者，彼等樹木並著枝葉花果子實皆悉備具。阿難！而彼所有樹木之中，如橫一指最小之者，所生花果多少之數如一恒沙。如向一指所生花葉果實枝等如橫二指所生草木，還有若干花果子實，多少之數如二恒沙。如是次第乃至從地更有出生如橫三指還有若干枝葉花果，多少之數如三恒沙。阿難！於意云何？頗復有人能數彼樹多少以不？」阿難言：「不也！世尊！」爾時佛復告阿難言：「彼之一指以上所有花果子實，有人尚能數知多少。而彼善男子善女人，教他乃至一四句偈，爲他顯示，不求果報；發慈哀心、憐愍之心，乃至教他令得阿羅漢果，復作是念：『以何方便令多眾生以此法施因緣力故，令得須陀洹果？乃至令得阿羅漢果，乃至令發菩提之心。』以慈愍故教他乃至一四句偈，爲他解釋，分別顯示。以此功德，欲比於前譬喻功德多少之數，於此功德百分不及一、千分不及一、百千分不及一、億千分不及一、歌羅數分不及一、譬喻分不及一、優婆尼沙陀分不及一，彼等福德不可稱量。阿難！彼之男女多得善根，乃至令他住多聞中，復能向他乃至宣說一四句偈。」

爾時世尊作是語已，長老阿難復白佛言：「希有世尊！世尊乃能作如是說。希有婆伽婆！如來乃能作如是說。世尊！彼之受法善男子善女人，於是法中及法師所，應作何等恭敬之心？」作是語已，佛告阿難言：「阿難！汝莫問我如是之事。何以故？今者眾生無敬法心。」阿難復更重白佛言：「善哉世尊！我渴仰法，於是法中深生敬心，如法學法。我作世尊侍者已來，未曾聞此如是之法。世尊！我從今已，當作如是恭敬之心，如世尊教，不違聖教。」

爾時阿難復白佛言：「世尊！於後末世，有善男子善女人等，於諸法中或有渴仰敬重心相，惟有口言；爲衣食故，爲利養故，從貧賤中剃髮出家，而作是言：『我能爲法。』雖復彼等求諸佛法，世尊！然彼眾生無行法心，示下賤相，是人還起下賤之心。世尊！我爲自身故發是問，我等云何應住？云何應行？」作是語已，爾時佛告長老阿難，作如是言：

「阿難！若有善男子善女人樂於法者，欲得讀誦；彼等眾生欲向和上阿闍梨所，至已應問諸佛法言。雖心所樂、所堪說處，應說依止；彼或十臘、或十二臘，爲重法故應乞依止。何以故？如來往昔雖復說言五夏比丘不須依止，而彼學者於前敬心，乃能爲法，以是義故應當依止。何以故？彼人欲學於『佛』法故。」（註：學聲聞法者，五夏依止已可；若是修學佛菩提道之「佛」法者，應須十夏、十二夏依止。）

「阿難！而彼和上阿闍梨等，爲彼應作如是依止：『當如是耶？我許汝耶？汝得利耶？我教汝耶？汝當謹順莫放逸耶？應練行耶？如是與耶？』若有比丘得具足法，彼則堪能與他依止，若能如是分別法句、與他依止，名依止師。」

「若有比丘雖復百夏，不能嫺解如是法句，彼亦應當從他依止。所以者何？自尚不解，況欲與他作依止師？假令耆舊百夏比丘，而不能解沙門釋種祕密之事，彼人爲法應說依止；雖有百夏上座比丘，不解律法，彼等亦應說於依止。」

「若有比丘從他受法，彼等比丘於彼師邊，應起尊貴敬重之心。欲受法時，當在師前不得輕笑，不得露齒，不得交足，不得視足，不得動足，不得踔腳。足踝齊整，勿令高下。於彼師前勿昇高座。師不發問，不得輒言。凡有所使，勿得違命。勿視師面，離師三肘。命坐即坐，勿得違教。安坐已訖，於彼師所應起慈心。」

「若有弟子欲受法時，長跪師前，先誦所得。誦已有疑，先應諮白；若見聽許，然後請決。是時學者既受法已，右膝著地，兩手捧足，一心頂禮師所住處：地若平正，即應設敬。若地偏隘，即還卻立，乃至師過至彼平所，即便請法。若至平處，禮師足已，卻縮而行至十肘地，遙禮師已，隨意歸還。」

「又復弟子應作是念：『師在我後觀我是非，不應放逸。我若即來尋至師前，請決所疑，是即為善。儻不得來，應當知時，一日三時應參進止。』若三時間不參進止，是師應當如法治之。」

「又復弟子若參師時，至彼師所若不見師，應持土塊或木或草以為記驗。若當見師在房室內，是時學者應起至心遶房三匝，向師頂禮，爾乃方還。若不見師，眾務皆止，不得爲也；除大小便。」

「又復弟子於其師所不得粗言，師所訶責不應反報。師坐臥床應先敷拭，令無塵污蟲蟻之屬。若師坐臥乃至師起，應修誦業。時彼學者至日東方，便到師所。善知時已，數往師邊諮問：『所須我作何事？』當白師言：『入聚落不？』若師欲得入聚落時，師所袈裟當須前奉。應先洗手，若洗手訖，應持己衣還拭己手；至彼師所，身心安住，兩手捧衣，長跪而授，如法敬奉處所安住，然後奉水另洗手面。先奉內衣著身體者，爾乃更當奉餘衣服、常所用者。向於師所，應作如是恭敬之心。」

「又復弟子在於師前，不得涕唾。若行寺內，恭敬師故，勿以袈裟覆於肩髆，不得籠頭。師經行處應常掃拭。天時若熱，日別三時以扇扇師，三度授水，授令洗浴。又復三時應獻冷飲。應當知時爲師乞食。師所營事，應盡身力而營助之。取師應器洗治令淨，若師與洗，先洗師器，乃及己缽。若與、應洗，如不與者不應再索，何以故？有因緣故。阿難！

有諸比丘當作是念：『如來往昔缽無人洗。』彼等學佛應當自役。雖然如來許彼，天若熱時應具冷水，天若寒者應備暖水，凡所須者皆應盡備。親在師前，勿嚼楊枝（勿在師父面前刷牙、剔牙）。於他人處，勿說師過。若遙見師，尋起迎接。」

「阿難！凡有師者：隨在誰邊學四句偈，或聽或讀、或問或諮一四句等，是即爲師。時彼學者於其師所，常起恭敬尊重之心。若不如是，名不敬者，亦不名住正行之者。若於他邊說師過者，彼人不得取（以）我爲師。何以故？阿難！彼無敬心，不愛佛故。彼無行人，況愛法者？彼無敬人，當不愛法。彼大惡人，亦不愛僧，不入僧數。何以故？彼愚癡人不行正行。阿難！佛所言說，皆爲行者。」

爾時，長老阿難聞佛說已，悲泣流淚，以手捫拭，作是白言：「世尊！於將來世，少有眾生住是行者。世尊！我等當行如是之行，我今當住如是之行。世尊！若有比丘於彼師所或和上邊，不生敬心，道說長短。於將來世得何等報？」佛告阿難：「若將來世有諸比丘，或於師所、或和上邊，不起恭敬，說於師僧長短之者，彼人則非是須陀洹，亦非凡夫，彼愚痴人應如是治。何以故？阿難！師實有過，尚不得說，況當無也？」

「阿難！若有比丘於其師邊不恭敬者，我說別有一小地獄，名爲椎撲，當墮是中。墮彼處已，一身四頭，身體俱燃，狀如火聚，出大猛炎。熾然不息，燃已復燃。於彼獄處復有諸虫，名曰鉤蠆，彼諸毒虫常噉舌根。時彼癡人從彼捨身，生畜生中，受野獸形：或野干身，或受狼身。彼諸人等見者大喚，或唱言狼，或唱野干。阿難！彼癡人輩，皆由往昔罵辱於師及與和上，是故見者皆悉不喜。以彼往昔舌根過故，恒食屎尿。捨彼身已，雖生人間，常生邊地。生邊地已，捨於一切功德之事，具足惡法，離眾善法；雖得人身，皮不似人，不能具足人之形色；不似父母，父母憎惡。得人身已，常被輕賤、誹謗、凌辱，離佛世尊，恒無智慧。」

「從彼死已，還速墮地獄之中。何以故？阿難！若有人等，於教授師所、施自在師所、教法行師所、教眞行師所，起不恭敬，受是重殃。阿難！彼癡人輩，自餘更得無量無邊苦患之法。阿難！若從他聞一四句偈：或抄或寫，書之竹帛所有名字；於若干劫取彼和上阿闍梨等荷擔肩上，或時背負，或以頂戴常負行者，復將一切音樂之具供養是師，阿難！作如是事尚自不能具報師恩，亦復不名深敬於師，況敬法耶？作是敬者是名敬師。阿難！若有無量無邊供養之具，爾乃堪能供養師也。」

「阿難！當來之世多諸比丘得是經已，於師和上起不敬心，無有正行。於師、和上恒說於過。阿難！我說彼等愚癡人輩，極受多苦，於當來世必墮惡道。阿難！我向汝說，我向語汝：如來在世，於汝等邊已爲說說：『此是正道，此非正道。於當來世，彼諸比丘隨行何行，還生是處，得是果報。』是故阿難！我教汝等長行恭敬。」

「阿難！若有善男子、善女人，能生恭敬尊重之心，當得如是勝上之法：所謂愛敬諸佛世尊，敬重經法，深愛敬僧，當入是次。」佛說是經已，長老阿難等及諸大眾，聞佛所說，歡喜奉行。

附錄二：禪淨修學見道實例（三則）

見道報告

受業弟子德光謹述 1999.11.6

一心頂禮本師釋迦牟尼佛
一心頂禮禪三期間諸佛、菩薩、護法龍天
一心頂禮法身慧命父母上平下實和上
一心頂禮禪三期間諸護三菩薩

弟子於一九七八年大學三年級，自學校社團開始接觸佛法，首先以唸大悲咒為主。每天固定唸二十一遍，其餘有空時就唸，就寢時也唸；其精進結果，能與人交談時，心中仍清清楚楚唸大悲咒每一句（按：此為憶佛成熟徵兆），唯自認不是究竟（回想起來真是無智慧，不知轉折可以悟入），改以唸 阿彌陀佛聖號，並且在研究所畢業前曾參加二次精進佛七。在這期間有感各道場對弘法之眾說紛紜、莫衷一是，並未明告學子修行之次第及方向，故專修持名唸佛，但是仍感唸佛不得力，渾渾沌沌過了十幾年。

直至一九九三年下半年，大姊因在平實導師處共修，特意給我《無相念佛》一書，並交代要看完。當時一看書名，又認為是台灣佛教眾說紛紜之學者著作，故不以為意，束之高閣。二星期之後，大姊再次交代要看，不得已再拿出閱讀，一閱之下竟如獲至寶讚歎曰：「從未見過對修行次第及方向說得如此詳細者，唯平實導師也。」自此加入共修終不悔，直認為此是黑暗中明燈，指引弟子往正確方向走。

參加共修期間，在 平實導師處獲得正確佛法知見；於禪修班交換憶佛心得；在家中殷勤禮佛以培養定力。並於一九九五年十一月報名參加禪三，雖僥倖錄取，但仍擔心是否能破參。於禪三期間，雖然 主三導師巧設許多機鋒及公案說明，於第三天上午仍未參出答案，此時正如平實導師所說：「如喪考妣」，苦悶非常。遂於下午重新思惟整理，理出一個方向：以娑婆世界眾生身根猛利及□□下手（即以□□□□參究何者為真心），正巧主三導師看見，告之方向對了，當時喜悅非常，全心參去，甚至禮佛時之融入， 主三導師亦讚歎勇猛。於晚齋動筷咀嚼時若有所觸而哭，但仍不知其所以然。晚齋結束，回大殿放香後， 主三導師垂詢參究情況，答以「想大哭一場」。 主三導師回答：「那就哭吧！」遂於大殿大哭一場（走筆至此，眼淚奪眶而出，久久不能自已，遂暫停筆）。

之後 主三導師交代弟子打手印（走筆至此，眼淚又奪眶而出），一會兒，主三導師要弟子禮佛，於□□以竹如意在掌心戳曰：「□□□□□。」當時弟子仍不解其意，待晚上開示時，一看昨晚黑板所寫公案，一念慧相應，方知師已明言，大歎曰：「原來祇在本人□□□□中。」次日，主三導師要弟子喝茶更深入體會真如後，並呈所得，弟子照辦並通所得，

幸獲 主三導師更細膩指導。此次禪三得蒙 主三導師慈悲印可破本參，但因題目尚未整理完畢，無法到外面看話頭。

此次明心於思惟整理中，另有其他體會如下：

一、真心不是遍滿虛空，而在吾人色身內：閉眼思惟整理時，妄心可清楚發現真心在吾人色身內；張眼觀之，真心亦非在虛空中，故真心確實在吾人色身內。後於《成唯識論》中獲得印證。

二、可清楚比較真、妄心之大小：雖然真心無形無色，但兩者還是可以比較；妄心就好像媳婦兒躲在牆腳下，祇住在腦中，而真心遍滿全身。此在以後上《成唯識論》時，蕭導師曾提及而獲得印證。

第二次禪三時（一九九六年三月）仍因定力不夠，雖已參出佛性之答案，卻以妄心能知能覺之覺受為佛性，成為佛性解悟，仍未眼見佛性。

因第二次禪三未過關，所以在第三次禪三（一九九六年十一月）報名前，專心禮佛及看話頭，重複進行。禮佛時全心融入，竟能清楚了知念之前頭相續不斷（即念頭等流流注，一明一暗進行著）。並於禪三前幾天有徵兆出現，但不持久：於看話頭時，竟然所看之景物與心為二心，境歸境，心歸心二種情況。吾告之大姊，答之方向對了，繼續下去，於是信心大增，專心禮佛看話頭。

在第三次禪三期間之前三天，雖然 主三導師使用諸多機鋒及方便，仍無法一念相應眼見。然於最後一天上午看話頭時，發現非常輕鬆，且景物逐漸超然獨立於心外，不久心中出現一團橘色圓物，此是幻相；然真正話頭亦隨之出現，就更專注看下去，不久竟然淚下，也不知為何而哭。哭罷後就下樓盥洗，盥洗後，正巧一陣風吹來，全身毛孔覺受與平常不一樣，且看景物時有重影模模糊糊不清楚。吾將體驗上告監香，監香答云：「勿被境所轉，繼續下去。」不久 主三導師召喚弟子小參，弟子將其過程及體驗稟告， 主三導師即指導後續思惟方向，然因不知其所以然，無法整理出頭緒。午齋後 主三導師引弟子至小參室，以看樹葉為例，反觀自性，曰：「佛性看見嗎？」答以不見。不得已，主三導師要求弟子繼續拜佛看話頭，雖然 主三導師在禪三結束前巧設諸多機鋒幫助弟子，而弟子實無智慧不知轉折，故仍然無法看見。綜合此次禪三雖憶佛比上次進步，但看話頭功夫不夠。

也因為此次體驗，遂於第四次禪三前二個多月，毅然辭去現有工作，每天在家裡專心拜佛看話頭，遇到拜不下時亦忍著拜下去，話頭看不下時亦忍著看下去，曾有數次想放棄，就想到祖師所說：「轉換習氣種子是痛苦的」，遂含淚重新拾回進行，可謂寒天飲冰水，點滴在心頭（走筆至此，眼淚往內吞）。

在第四次禪三時（一九九七年十月）， 主三導師要求弟子放輕鬆去參，唯因以往憶佛、看話頭時均極緊繃著，故無法完全放輕鬆參去，雖有 主三導師巧設機鋒引導，仍無法悟入。幸賴兩位監香老師、糾察、護三們巧設方便及解說，使弟子有所體悟，剎那見到那個不動的（真心）並思惟整理。於晚寢後，禮拜 主三導師，敬呈所得， 主三導師告誡：「勿往佛性別相轉，先求佛性總相為何？又如何見？」弟子僅能答出部分，猶不能見。 主三導師指示繼續參究。

次日早齋後，於經行中，深深體會腳底接觸地板剎那剎那生滅中，見到真心與妄心同時併行交織著，如同 主三導師於後教我特殊機鋒（兩手十指張開前後交叉上下進行）一樣，遂很肯定。於午齋前，護三們在眼前及聲中施設方便，使我更加確定無誤勇於承擔。

午齋後， 主三導師要求弟子拜佛半小時後，至外面輕鬆看話頭，看完入內拜佛半小時後洗澡體驗佛性。乃遵囑而行，於全心拜佛後看話頭。剛開始尚無所覺，祇知道動時均是妄心在運作，那佛性在哪裡？尋呀尋，驀然一念慧相應：於剎那剎那根、境接觸時，真心即配合運作，即是佛性，妄心同時運作（亦即相分、見分同時現起，覺受隨後現起。故佛性不離見聞覺知，但不是見聞覺知。）張眼一看，佛性清清楚楚看見而且歷歷分明，正如佛示：可以父母所生眼見佛性；亦如祖師所說：「如同一面鏡子，胡來胡現，漢來漢現。」之後入內拜佛、洗澡體會。澡畢，見主三導師以通所得，得蒙主三導師印可破重關，並至大殿佛前感恩禮拜。

走筆至此，回顧弟子從修學佛法到破重關，可謂蓽路藍縷，辛苦非常；若非自己精進不放棄、導師慈悲設施機鋒及護三們巧設方便，如何能衝破重關（至此眼淚又奪眶而出，因此再次發願護持正法，弘揚正法永不退轉）。趁繕寫見道報告同時，整理弟子修學無相念佛過程之缺點，希已學、未學、當學之佛子借鏡，勿再重蹈覆轍。若僅因此浪費時間，猶有悟處；若因此而退失菩提心，則眾生何其不幸，痛失一位弘法利生之菩薩呀！故不假辛勞，檢討自身之缺失，與諸佛子共勉。若諸佛子見我缺失，即可深入了知本人修學過程之蓽路藍縷，其為害之深，豈可不慎哉。

一、學佛應當單純，莫學世智辯聰、複雜化：修學佛法是找出真心，往成佛方向走；而真心無分別，故學佛法後應越來越單純。而世智辯聰猶是意識思惟、是妄心，莫將妄心當真心，盡在妄心枝節葛藤上打轉，搞得越來越複雜，越轉越遠。蕭導師亦曾說過：「學人應當學三歲小孩一樣單純化。」平常就當如此，禪三期間更當如此，因容易悟入故。若弟子當時不是依照 主三導師開示，捨棄葛藤而單純化，如何能破本參？又如何破重關呢？

二、憶佛時專心憶佛，莫一邊憶佛一邊思惟：禮佛實是最佳培養定力方法，憶佛融入更容易迅速培養定力。而弟子平常禮拜憶佛時，遇有境起，便作思惟，此法有如下過失：a、無法融入憶佛之念中以迅速培養定力。b、因心專注於境上，容易掉舉或散慢，因掉舉故心不寂靜，因散慢故令心流蕩。因此弟子參加四次禪三，自始至終比他人清楚：為何定力始終無法迅速建立？若非弟子於第一次禪三全心融入禮佛，蒙主三導師讚歎，又如何於當晚破本參？若非弟子於第四次禪三禮佛全心融入，又如何一念慧相應、眼見佛性呢？

三、用心意識、往離心意識方向參，此意：用七轉識向真心參去。由於弟子平常憶佛、拜佛、看話頭均緊繃著，此即落於心意識中（註），執而不放，無法往離心意識方向參去，又如何破本參？又如何破重關呢？故須先捨心意識之執著，方有入處。（註：二乘法中所說心、意、識者，謂已過去之意識為心，未來之意識名意，現前正在分別了知之意識是識。）

四、平常要消除煩惱、習氣：若平常不消除煩惱、習氣，則憶佛、拜佛時障礙多。此次禪三前二個多月閉門拜佛及看話頭，使我有更深體驗。其實憶佛、拜佛能消除業障，使你更輕鬆憶佛、拜佛。本師 釋迦牟尼佛曾經開示：「唸佛一聲，能滅卻生死重罪」，何況憶佛、拜佛，能滅卻百千萬億生死重罪？因此憶佛、拜佛實為消除煩惱、習氣之一帖良方；再加上平常對境消舊業，則修道障礙就少，見道就容易。若平常不消除煩惱、習氣，僅靠憶佛、拜佛做功夫，是蠻辛苦的。就像此次禪三一樣，若當時不能安忍，不繼續憶佛、拜佛、看話頭，或不能忍受久拜後膝蓋疼痛之苦，又如何有今日見性呢？

五、奉勸同修們「憶佛、看話頭純熟後見性較適合」：以本人為例，四次禪三才見性，其中第二次禪三解悟佛性，答案已先知；第三次禪三見性模糊，導致最後禪三前之準備、或禪三中之參究均備極辛苦；而最後見性時之禪悅覺受淡薄至幾乎沒有，其解脫功德也小。因此奉勸諸佛子：話頭未純熟前，寧可延後見性，以免重蹈覆轍，後悔莫及。想想看：古來祖師大德為破本參，踏破多少草鞋猶未得入處，甚至參到死猶未悟，而今汝已明心，多有福報。延後見性，只是讓汝更深入體驗，將來更能弘法利生，自利利他圓滿，這才是菩薩行。

以上是弟子於見道過程中，將其體驗說出，猶不敢將其密意於見道報告明白說出。此外並將自己之缺失形之文字，願作在學、當學無相念佛之佛子借鏡，若諸佛子能善加體察，則吾願已足。

南無本師釋迦牟尼佛

南無阿彌陀佛

見道報告

受業弟子　孫淑貞　謹述
於一九九七年十一月十五日

謹以最感恩，最恭敬的心撰寫以下報告。

自從接觸無相念佛二年半的時間以來，可以說是我這一生最大的轉捩點；雖然還不至於完全脫胎換骨，但那個傲慢、固執、多嫉、瞋心重的「我」也死了差不多啦！是什麼力量可以讓一個又臭又硬的頑石彎腰、柔軟？每想到這一點，就非常的讚歎與感恩　導師的慈悲，能提出這樣的方便善巧法門與用功次第，使得連**什麼是佛法**都不知道的這樣一個人，能受用無窮。

老師曾問我：「爲何能如此信受？」我不假思索的說：「因爲我發現佛法的道理與生活的原則密不可分，透過憶佛與拜佛的用功，煩惱與習氣即顯露無遺；只要反觀自己不假外求，即可發現爲人處世的道理，而能將人與事分開處理，事本身無善惡，如果人的情緒不與事混在一起，則天下無難事。」煩惱習氣時時提醒我要觀照清楚：這一次有沒有比上一次好一點？下一次的不當反應希望能再淡一點、早一點觀照到。我家同修與同事慢慢的發現到這個人不可思議的變柔軟了，稜角與芒刺不見了！

來學無相念佛並無存心要求明心、見性，只感覺到這個法真好，自己可以改造自己，而且身邊的一切事物好像都比以前順眼，隨時都很滿足；心很清淨，對於五欲很自然的不會有強烈的貪求，而在這樣的情況下不知不覺的進入參究的狀態。

一九九六年一月，老師告訴我可以開始看話頭了；很快即起疑情，一日看到我女兒張口吃飯，興奮莫明；走到火車站看到許多人走來走去，也高興的不得了，可是卻不知道為什麼？沒多久，導師講解《楞伽經》時，講到人無我說：「看似玩弄一傀儡，走近一看，原來是個內裡人啊！」好像懂，但是卻不知所以然。

三月有一日在家拜佛時，突然屋外一聲巨響，第一次體驗到不是用耳朵聽到聲音；向老師報告說：「我全身毛細孔都張開來聽到那個聲音。」老師只是哈哈大笑。後來，不管是任何多小的聲音都是那樣的情形，再繼續請教老師時，她嘆口氣說：「那就看好你的佛性吧！不過要六根都清楚。」奇怪了！我不是在找這個呀！然後我仔細的在六根體會，果然都是那樣，就連拜佛時手在移動也是；坐在辦公室，冷氣吹來時、電話鈴響時，無時無刻都在。就是因為實實在在的，我更陷入疑團裡，最後又請教老師如何是好，老師教我去看：「拜佛的是誰？」如此又用功的拜佛二個星期，發現到拜佛時身體每一個地方，似乎都吊滿了線一樣，走路時也是每一步都很奇怪。

六月七日下午特地請了假，約我同修一起去農禪寺參加大悲懺法會，之後就順道到「陽明精舍」等待 導師講《楞伽經》。當時拿起 導師所著之《無相念佛》順手一翻，看到「緒言」最後 導師寫著：「若佛子悟明心性後，見佛無身根相貌，無一相可得……」，此書並非沒讀過，但此時看到「見佛無身根相貌」這句話真是非同小可，又被困住了。六月八日參加共修回家後，再把《楞伽經》 導師講人無我那卷錄音帶拿起來聽，「內裡人？……，無身根相貌……」，我被困在那裡，不知何時色身點頭了。突然我同修走來用手輕碰我一下，要我睡覺去；說時遲、那時快，我的手、腳、全身，不是！是那個內裡人！看到了！多奇妙啊！原來是這樣，真的無身根相貌，真的是內裡人。

因為時間已經很晚，隔天一早已約好要去陽明山，就等到六月九日晚上才跟老師報告，老師說要把重生的日子記下來。又問感覺如何？我說：「全身輕飄飄的，爬山一點兒都不累，好像被一層透明罩分隔而有內有外，外面的五塵好像都與內面無關；但又不是完全無關，因爲又都知道，眞是奇妙！」老師要我再看《維摩詰經》，放鬆一下，好好體會、體會。

接下來將近有一個多月的時間，晚上睡眠很淡、很淺，白天色身覺得很睏，想打個盹都不行，因為精神非常好（後來老師告訴我是覺明現象）；並且如同 導師所講的，此時修定很容易，打坐、拜佛時都能覺察到定力在加強。也由於這樣，讓我對本心的運作更加好奇，老師建議我不妨到中信局聽 導師講《成唯識論》；因此一九九六年九月就開始聽聞熏習《成唯識論》，雖然當時第一能變識的部份已快講完，但是 導師每一次巧妙的譬喻，確切的講解，都深深的印入腦海裡，如獲沙漠中的甘泉般，心中雀躍不已；雖然不是完全聽懂，但是內心總有一股相應的力量，敦促著我去思惟、整理、體會。

本心的運作，就我體會的部份，已經讓我覺得不可思議了，因為我發現到七轉識的我都是後知後覺，而那個先知先覺的如來藏阿賴耶識卻是如實的、默默的在運作。例如：一日打坐中，耳根突然擁入一陣響，隔一秒，冷氣運轉的起動聲才出現；另一日颱風夜睡夢中，突然翻身面向電話，意識逐漸清醒，接著電話鈴響，保全人員來電詢問如何處理辦公室突發狀況；又一日睡夢中，感覺到好像蚊子的腳踏在額頭上，(那個踏的動作很清楚)手一揮，果然是蚊子。這些體驗讓我對八識的運作更加好奇，無時無刻不在生活中去思惟、整理。

十月底第一次參加禪三，見到 導師真是大菩薩，具足方便善巧、智慧與大慈悲心，讓弟子能更細膩的體驗真心在五蘊中的運作，當時更是淚灑禪堂；一方面如重生般的喜悅，一方面想到這個日用而不知，視為理所當然的真心體性，真是難會，眾生如何能了知呢？若說我是因為過去生與這個法曾結深緣，而能如此順利的走出來，那麼今生仍然要緊跟著 導師與這個無上大法，並且要終生儘我所能來護持，讓我來生也能如此而不致迷失，在 佛前，我真心的、感激的、誠懇的發了這個願。

此次禪三由於個人因緣不具足，只過一關，回來以後，每天仍然如實的用功憶佛、拜佛，而每星期最重要的事就是聽聞《成唯識論》的課。對於法相不能如實了知，是目前最大的煩惱；其他世俗上的煩惱不是沒有，而是它們似乎在很遠的背景起起落落。

一天中午，在辦公室坐著閉眼憶佛休息時，突然看到頭點下去了，而「我」是在一片不動的……（編案：數句密意文字省略不載）。又有一次晚上，因重感冒吃了藥就睡覺，半夜「我」看到一個人在咳嗽，身體上下動著，但是「我」卻沒有完全和身體在一起，好像是跟著身體的一片不動的……（編案：省略數句不載），啊！我想到 導師曾經講過：「眞心好像跟我們在一起，又好像沒有在一起。」很奇妙的體驗，當我跟老師報告時，老師說牢關不引導，而且需要透過修學差別智和禪定，還要有很強的慧力才有可能，但是可以參看 導師所整理牢關公案；看了又看公案，似乎快要拼出圖形來了，但是又有不通的地方。且說我完全是無心的，這些只是自然地從內心現起，個人福德因緣未具足，不能強參。

今年禪三前一個月，加緊看話頭、拜佛的功夫，並每日在 佛前發願，請求加持，當我兩眼凝視著 佛畫像，口中念念有詞時，祂（佛、菩薩）似乎就在教著我注意看：「哪個是見分？哪個是相分？」歷歷分明；而因為隨時都在功夫上，所以上、下班走在馬路上覺得似乎離外塵有一點距離而虛虛幻幻的。等候公車時見到安全島上的矮樹叢，識浪不斷，不是風動，也不是樹動，是我心動啊！坐在辦公室一心工作時，電話鈴響、同事講話、走路腳步聲，無不使真覺湧現而全身□□了然。而我更發現到真心在五蘊中猶如一透明軟水球一般，聲塵就如同一根微細的針一樣的觸到祂，所以 導師說**離開五蘊以外的虛空中，絕對找不到真心**，從這裡，我更加的體驗到了。當再次閱讀《圓覺經》，世尊說：「離幻即覺，亦無漸次。依空而有相，空華若復滅，虛空本不動，幻從諸覺生，幻滅覺圓滿，覺心不動故。」經典中 世尊真的說得很清楚啊！

此次禪三因緣特別好，也很特別，偷偷的告誡自己要好自為之。第二天輪我入小參室，一開始以平鋪直述方式說出見性體驗， 導師說不對，並要我再做功夫、仔細看去。但我不畏 導師威嚴，因為此時心中非常篤定；此説不對，就用他説輔助説明；若再不對，另有經典可印證。最後 導師説：「因爲見性很難勘驗，是你眼看到，我不能從你眼中來看到，所以必須很細膩地勘驗。恭喜你了！」禮拜 導師出來後，禮 佛三拜，並向老師禮拜，此時眼淚已忍不住奪眶而出，心中又是百感交集：是難啊！如此親切的法，本自具足，但卻又如隔牛皮。若不是 導師的慈悲與善巧方便施設修學次第指引，哪能重生？如果此次的體驗還是不對，已經可以投河謝罪了。慈悲的大菩薩——導師——百忙中不遺漏照顧任何一個弟子，不時一句、二句的提醒我。當 導師説：「現在不能像以前一樣眼睛釘住一個地方看，而要到處溜一溜。」頓時覺得好像青蛙從井底跳上來一樣，真的海闊天空，猶如明鏡照物，萬物皆顯現而自不分別，清清淨淨的，如《圓覺經》中 世尊説：「譬如眼光曉了前境，其光圓滿，得無憎愛，何以故？光體無二，無憎愛故。」此圓滿□□因如來藏與五蘊而有，是故我在身口意行時，皆應起恭敬感恩的心而行才對啊！

導師是我法身慧命的再生父母，除了努力消除自己性障、煩惱，當更精進修學導師所教的，以及多研讀經教，加強建立教理上的知見，並隨緣隨分行難行能行之六度般若波羅蜜，以報再生之恩。

禪三見性報告

還記得幾次參加共修的報名表，目的欄位，都老實不客氣的寫上「明心、見性」，想想自己還不如六祖惠能大師的口氣直接：他初至五祖門下，問他為何而來？他說做佛。我雖然是這麼想的：「明心、見性」，但是仍有強烈的欲望。這次的目的欄寫著「老實用功」四個字，一點兒都不含糊；從上一回的禪三明心回來，到這一次再參加，這段期間承蒙蕭導師細心指導及許老師多次關照，紮實的在功夫上用功，行住坐臥憶佛的念不斷；兩個月前練習看話頭，話頭也看得住。一個星期前，眼睛到哪裡，話頭也到哪裡。我終於能體會這四個字了。不再好高鶩遠，不再預設目標，不再思惟推敲，也沒有壓力了，只是單純得像個嬰孩。

報到的當晚，吃飯時就開始機鋒不斷了，活潑生動的禪，在台灣石城又再一次展開無限的生機。那晚我面對大海，不見浪影，只見漁船燈火。（前一次的禪三就在同樣的位置，看不出所以然。）索性看著月亮和那時而遮住月光的雲層，就這麼單純的看著。這時導師慈悲的囑咐我要睡飽，精神好才看得到佛性，不要急。我的身體不好，兩位監香老師都護佑著，內心倍覺溫暖。

剛開始有些找不著頭緒，經常跑到定中，導師很有耐心的指導：「要見性，定力是要有的，但落入定境就見不到了。」禪三的第一天，我都在室內參：「什麼是佛性？」直到主三菩薩握我的手，我才捉到方法。眼睛到哪裡，話頭就到哪裡，就這樣單純的去感覺。

禪三的第二天，站在陽台看海。這時有兩個問題，很想解決掉，特別申請小參：一是：「無情眾生是否有佛性？」一是：「見性是否一定要眼見？若是眼根壞了要如何見？」主三菩薩為我說明：「有情無情皆會說法，但無情是沒有佛性的。若眼根壞了可用其他根來見佛性。」並且說我只差一念相應了。

又再一次的到陽台看海，這時我已經不只用眼了，還用耳朵、觸覺、輪流交替；注意力在哪裡，話頭就在哪裡。太陽曬得好熱，光線好強，（似乎知道了什麼），腳丫在曬到和沒曬到的地面，來回測試；陽光愈來愈耀眼，我的衣服也一件件的卸。糾察老師慈悲，帶我們參佛性的同參到另外一面陰涼的走廊下繼續用功；看著小山，吹著陣陣涼風，沒有語言文字，只是純然的體會。

下午又回到陽台看海。我聞到了煙味，看到了飛灰，聽到了啪啪的聲響，轉頭正要尋找來源，從煙的這頭看到主三菩薩親切的笑容；示意招手，我便會心點頭微笑的走了過去。他指著火堆，我便靠著陽台，手托著臉頰，朝著火堆看去，是護三的菩薩們將割下來的雜草堆放在一起，要都燒掉，還不時的添加。主三菩薩問我覺得手托著臉如何？我道：「很親切！」他笑著說：「那是開悟的人才說的啊！」我笑了，一點兒也不害羞。主三菩薩用如意在我臉上輕輕地畫過，又問「怎麼樣啊？」我說：「感覺有點兒癢。」主三菩薩說：「覺有眞覺與妄覺。」這一說非同小可，有如晴天霹靂，振撼著我；也不理他，竟自大踏步的靠近火堆。無門之門打開了，居然自動有個意思，是沒有聲音文字的「返觀觀自性，返聞聞自性。」此時眼、耳、鼻、身、意五根同時通達自性。終於看到了本來面目，看到了自己的，也看到了在那兒燒草的菩薩的，有情無情都對我説法，法法又何曾法。我像隻脱籠的小鳥，張開雙翼，在陽臺上飛來飛去，一次又一次被煙嗆到。深深的吸口氣！嗆到！哈哈……，我笑到眼淚都流了出來。吃飯時誇張的看著美食，嗅著香味濃郁的佳餚。洗著溫暖的熱水澡，吹著涼風。主三菩薩當晚上堂開示時，我看著這個寶貝菩薩唱作俱佳的説法。

睡前做了一些瑜伽，倍覺親切，笑著睡著了。醒了又笑，跑去上廁所，刷牙、洗臉；餓了就找東西吃，一次、又一次體會；抬頭看時鐘，是凌晨兩點多。精神還很好，在陽台優閑地看海上的漁船燈火。風吹著，眼前的樹搖曳著；不知過了多久，又跑去睡了。飢時用飯，睏來眠；睡醒又笑了，不只一次笑得眼淚都流出來。等待小參時，挖挖鼻子，嗅嗅腳丫、東張西望；笑到五臟振動。還是憶佛好了，一直往內收攝；好不容易沒這麼瘋狂，顛動的心正要平息；監香老師卻叫我不要憶佛收攝，否則會看不到佛性。我回答：「實在太快樂了，忍不住，只好憶佛控制一下。」他說：「你怎麼一點兒也不緊張、不著急？參得這麼輕鬆！」

他哪裡知道，我以前也是參得頭破血流。這次沒有預設立場：一定要見性。沒有想到要如何，只是一切遵照 導師指示，一如嬰孩般。從 導師給我一個入處，到見性五根通達，整個過程中，我都沒有語言文字。原來 釋尊所謂修行如彈琴，不鬆不緊，才能彈出悅耳的音樂，就是這個樣子。若不看話頭，不用憶佛的法，這如猴兒般的心，怎能回來原有的樣子！又怎能開悟後當下承擔這個就是佛性：無形無相，而又千變萬化。一即是多，多即是一；清淨無染的佛性，真空妙有。我何其有幸，得兩位善知識的引導、諸位護三菩薩的護持及共修菩薩的成就。

我要好好讀經書，報三寶恩、報師恩、報國家恩、報父母恩、報眾生恩。弘揚正法，行爲道玄路。

菩薩戒子　廖筱梅　謹誌

公元一九九五年十二月

附錄三：依藏通別圓四教判果（摘錄智者大師著摩訶止觀及四教義）

三藏教：共七賢七聖。

一、七賢位：五停心觀、總相四念處、別相四念處，煖法、頂法、忍法、世第一法。此七賢位皆依生滅四諦或四念處修，始得入賢，名鄰聖、直善。皆是非學、非無學等智似解，伏見惑。

二、七聖位：1.須陀洹（見地）。2.斯陀含（薄地）。3.阿那含（離欲地）。4.阿羅漢（畢地）。以上四聖各開向位、果位。5.緣覺：有獨覺、因緣覺二種，均不判果。6.菩薩：開六度行滿及補處共七位。補處菩薩約別教十迴向或初地，約圓教五品弟子位。維摩詰大士云：菩薩說身有苦，而不樂求涅槃。又云：亦不可與聲聞、辟支佛而相違背。7.佛：約別教十迴向或初地，約圓教十信鐵輪位。（以上：出於《四教義》卷四、卷七）。

三、依三藏法，進破諸見，發真成聖，即初果位。若依通教，進破見者即是八人見地位也。若依別教，破見是銅輪十住位。若依圓教，伏見是五品弟子位，破見是六根清淨位。（智者大師在《摩訶止觀》卷五下所判，與其《四教義》所判不同。）

圓教：非凡夫外道及別教外凡內凡之所能知，更非二乘所知，粗舉六即如左：

一、理即：涅槃即生死，菩提即煩惱。

二、名字即：生死即涅槃，煩惱即菩提。

三、觀行即：因理即與名字即而觀行分明，成五品弟子位。若得三昧陀羅尼門，得入初信；一信有十，十信百，成鐵輪十信，得六根清淨功德不可思議。《大品經》云：是乘從三界出也。十法成乘，初出三界，即十信圓滿也。《華嚴經》：法慧菩薩：菩薩觀十種梵行空，學十種智力，入初住位。

四、相似即：十住、十行、十迴向位（銅輪、銀輪、金輪位）。《華嚴經》：「初住菩薩所有功德，三世諸佛歎不能盡。佛若具足說，一切凡夫聞，迷亂心發狂。」此初住約別教初地智斷功德，神通變化。《仁王經》云：「入理般若，名為住。」以不住法，從淺至深，住佛三德涅槃之理，即是十品住一切佛法，故名十住。十行：於佛性第一義諦，無漏真明，一心具一切行，念念進趣，破十品無明，成十品智斷。一切諸行波羅蜜不可思議，出生增長自行化他功德，與虛空界等。十迴向：無漏真明，念念開發，增長一切法界願行，事理和融，心心寂滅，自然迴入平等法界，又進破十品無明，證十品智斷，故名十迴向也。

五、分證真實即：十地也。無漏真明，入無功用道，猶如大地；能生一切萬法，荷負法界眾生普入三世佛地。廣大如法界，究竟如虛空。又進破十品無明，成就十品智斷。

六、真實即：1．等覺：觀達無始無明源本，邊際智滿，畢竟清淨，斷窮源無明。與無明父母永別，名有上士。2.妙覺：究竟解脫，無上佛地，故言無所斷，名無上士。是大涅槃，名諸佛法界，豎深橫闊，能用二十五種三昧，普化眾生。

結：《華嚴經》云：「諸地不可說，何況以示人？」故智者大師言：「初信心（圓教）獲一施陀羅尼門，已不可向一切人說。雖復種種分別，亦不可解，何況其餘？又如世間凡人坐禪，發禪五支功德，尚不可為未證者說，設方便巧說，未證者亦不能解，豈況諸佛菩薩地位法門而可分別也！若能善解圓教等次位，即不起大乘增上慢、成大乘旃陀羅過罪。」

三藏教、通教、別教斷惑證果分判對照表：

三藏教	斷惑品位	通教菩薩地	別教			
乾慧地	略	伏忍	十信凡夫性			外凡十心有退
性地	略	柔順忍	十住習種性，十行性種性，十迴向道種性。			內凡三十心解行證位
八人地 見地向	斷見惑未盡	無生法忍	初：歡喜地	初果向及初果	通達位	此十地心是聖種性，親見佛性之空與不空，即是證中道。（十住亦見性然非別教聖種性）
見地	見惑斷盡	無生法忍果				
薄地	二果向：斷欲界思惑一—五品。二果斷六品。	遊戲五神通	二、離垢地（二果向）	三、明地（二果）	修道位	
離地	三果向：斷欲界思惑七、八品。三果：九品斷盡、五下分結盡。	離欲清淨	四、炎地（三果向）	五、難勝地（三果）		
畢地 （已辦地）	四果向：斷色無色界思惑。四果非想九品斷盡。	究竟解脫	六、現前地（四果向）	七、遠行地（四果）		
辟支佛地	獨覺、緣覺	成三種因緣觀	八、不動地	辟支佛、阿羅漢		
菩薩地	分入通教十地如左欄	補處約圓教十信、別教十迴向位	九、善慧地	以上通教菩薩四向四果人解脫境界約同別教一至七地菩薩，然一至七地菩薩之多種三昧及無生法忍功德，通教菩薩四向四果人皆無，不可等量齊觀。		
佛地		約圓教初住，別教初地	十、法雲地			
	以上係三藏教七賢七聖	以上係通教菩薩地分證約果	一生補處：約圓教十住，若依仁王經約圓教十迴向位。			別教見正入初住，二至七住破思假，八九十住正侵習，十行是正出假。
註：四教義卷八			佛地：斷十一品無明。若依仁王經約圓教初地			
			註：四教義卷九、十。摩訶止觀卷六。智者大師云：世尊說果，或借下成高，或借高成下。故諸經所述，非必定同。行者勿執此生迷。			

再版補述：

上表乃依智者大師《四教義、摩訶止觀》之判果予以摘錄製表。然因智者大師尚未觸證如來藏，不知別教七住般若正觀現前境界，非如禪宗祖師之能證驗如來藏之心行，故將別教七住菩薩判為純屬解行位而未曾實證。此乃大師誤判，故於再版之對照表中，將智者大師所判「內凡三十心解行位」，改為「內凡三十心解行證位」，以符 佛意。

此謂內凡六住之前皆是解行位，依外門修菩薩六度萬行；第六住位熏習二乘蘊處界空相之大乘四加行及大乘般若，未觸證如來藏，名為勝解行位。於第六住位之熏習般若加行後觸證如來藏而不否定退轉者，方入第七住，依如來藏體性而修菩薩六度萬行，已入內門修菩薩行，是親證第一義者，已非解知及觀行而已，故不應歸為解行位菩薩，已入大乘見道位故。內凡三十心之五住前係解知位，第六住係觀行位；四加行及熏習般若完成後，尚未觸證如來藏之前，名為勝解行位；觸證如來藏後名為證解位，乃至十迴向滿足時，皆名證解位；故內凡三十心應名為解、行、證位（從第七住位以後，漸能生起勝解與勝行，已親證如來藏實相心體故）。

七住見道佛子云何尚非初地？其故有三：一者七住菩薩初見道已，由未修伏性障令永不起如阿羅漢，習性仍重，故名習種性人；未具聖性，只名賢者，未可名為別教初地聖人。

二者七住菩薩唯明如來藏總相，名為真見道賢者，唯得根本無分別智；未明別相，尚未進修相見道位般若故仍未獲後得無分別智——未具足驗證人空與法空——於二空實義尚未通達。須加修增上慧學——八識心王之五法、三自性、七種性自性、七種第一義、二種無我——方入初地；亦以尚須熏習般若別相智慧故，名為習種性人，未具聖者智慧及初地大喜，故名外聖內凡之七住賢人，唯斷見惑，非如初地之通達此諸法性、成人天師而生大喜，故唯名為七住賢位菩薩，不入初地。

三者七住賢人未能真發十無盡願，尚未發起增上意樂，未能真實自利利他：不能盡未來際引導諸有情共同邁向成佛之道；故唯名賢人，不名聖人，是故不入初地。

然別教七住菩薩已證如來藏，觸證空性第一義諦，非未觸證，若歸之為解知及觀行位之菩薩，言為尚未觸證實相心，則有大過，故於再版中修正智者大師之判果失誤。合作補述如上，佛子鑒之。

再者：智者大師引《華嚴經》以證圓教初住菩薩約別教初地，亦為引據不當。謂圓教初住乃相似即佛，雖云一圓一切圓，要皆理上，不涉三種增上學之事修也。意即圓教**分證即佛**乃是一至十地，依楞伽佛意，須通達八識心王之五法、三性、七性自性、七第一義、二無我，而後方得入地，豈以圓教初住未觸證如來藏者能約別教初地無生法忍？

又圓教**相似即佛**位即別教三賢位，然別教七住觸證如來藏，得般若總相智，圓教相似即佛之初住菩薩未得，尚不可約為別教七住位，焉得約為別教初地？別教初地得般若道種智，圓教初住亦未得，故不可約為別教初地也。此諸正理，必須頓悟觸證如來藏、得總相智；復須轉入漸悟菩薩位，依善知識聞熏如來藏別相智，真修相見道之法義，方得圓滿十迴向位；復須復依大善知識親於增上慧學聞熏一切種智而起道種智；此乃增上慧學之事修功夫，非圓教頓悟即得成辦。而佛子依別教此一次第進修而得道種智時，則可說言：「圓教初住乃至初信位已具足一切佛法。」依「理即佛」而作如是說故。

三者：智者大師判圓教**相似即佛**位為別教十住、十行、十迴向位，並判為銅輪王、銀輪王、金輪王位，亦同余說，而有別於其說「圓教初住約別教初地」謬失。《菩薩瓔珞本業經》中 佛亦曾云：十信滿足時（若願接受世間法果報者）為鐵輪王、王一天下；十住、十行乃至十迴向滿足為金輪王，王四天下。復云初地為百寶瓔珞七寶相輪，此則非圓教三賢相似即佛位之菩薩所具功德，故不宜主張圓教初住約為別教初地，有過失故。

其餘判教尚有過失，余於昔時不能簡擇者，咎在彼時未起道種智故；今重觀之，一一顯現，非錯悟大師及未得道種智佛子之所能知也。然今勿煩一一舉示，且待後來佛子親證道種智時自行一一簡別可也。今作此一補述，意欲佛子一心悟入，精勤修學一切種智而親證道種智；欲令佛子揚棄大師崇拜之邪謬小心，轉使發起大心、正見心，速求入道，悉入初地，共持 世尊唯一佛乘微妙正法，令世間光明、人天久安；因之補述如上。公元一九九九、五、六、於喧囂居。

佛教正覺同修會〈修學佛道次第表〉

第一階段

* 以憶佛及拜佛方式修習動中定力。
* 學第一義佛法及禪法知見。
* 無相拜佛功夫成就。
* 具備一念相續功夫—動靜中皆能看話頭。
* 努力培植福德資糧，勤修三福淨業。

第二階段

* 參話頭，參公案。
* 開悟明心，一片悟境。
* 鍛鍊功夫求見佛性。
* 眼見佛性〈餘五根亦如是〉親見世界如幻，成就如幻觀。
* 學習禪門差別智。
* 深入第一義經典。
* 修除性障及隨分修學禪定。
* 修證十行位陽焰觀。

第三階段

* 學一切種智真實正理—楞伽經、解深密經、成唯識論…。
* 參究末後句。
* 解悟末後句。
* 透牢關—親自體驗所悟末後句境界，親見實相，無得無失。
* 救護一切衆生迴向正道。護持了義正法，修證十迴向位如夢觀。
* 發十無盡願，修習百法明門，親證猶如鏡像現觀。
* 修除五蓋，發起禪定。持一切善法戒。親證猶如光影現觀。
* 進修四禪八定、四無量心、五神通。進修大乘種智，求證猶如谷響現觀。

佛菩提二主要道次第概要表——二道並修，以外無別佛法

佛菩提道——大菩提道

遠波羅蜜多

資糧位

十信位修集信心——一劫乃至一萬劫

初住位修集布施功德（以財施爲主）。

二住位修集持戒功德。

三住位修集忍辱功德。

四住位修集精進功德。

五住位修集禪定功德。

六住位修集般若功德（熏習般若中觀及斷我見，加行位也）。

外門廣修六度萬行

見道位

七住位明心般若正觀現前，親證本來自性清淨涅槃。

八住位起於一切法現觀般若中道。漸除性障。

十住位眼見佛性，世界如幻觀成就。

一至十行位，於廣行六度萬行中，依般若中道慧，現觀陰處界猶如陽焰，至第十行滿心位，陽焰觀成就。

一至十迴向位熏習一切種智；修除性障，唯留最後一分思惑不斷。第十迴向滿心位成就菩薩道如夢觀。

內門廣修六度萬行

初地：第十迴向位滿心時，成就道種智一分（八識心王一一親證後，領受五法、三自性、七種第一義、七種性自性、二種無我法）復由勇發十無盡願，成通達位菩薩。復又永伏性障而不具斷，能證慧解脫而不取證，由大願故留惑潤生。此地主修法施波羅蜜多及百法明門。證「猶如鏡像」現觀，故滿初地心。

二地：初地功德滿足以後，再成就道種智一分而入二地；主修戒波羅蜜多及一切種智。滿心位成就「猶如光影」現觀，戒行自然清淨。

解脫道：二乘菩提

斷三縛結，成初果解脫

薄貪瞋癡，成二果解脫

斷五下分結，成三果解脫

入地前的四加行令煩惱障現行悉斷，成四果解脫，留惑潤生。分段生死已斷，煩惱障習氣種子開始斷除，兼斷無始無明上煩惱。

近波羅蜜多

大波羅蜜多

圓滿波羅蜜多

修道位

三地：二地滿心再證道種智一分，故入三地。此地主修忍波羅蜜多及四禪八定、四無量心、五神通。能成就俱解脫果而不取證，留惑潤生。滿心位成就「猶如谷響」現觀及無漏妙定意生身。

四地：由三地再證道種智一分故入四地。主修精進波羅蜜多，於此土及他方世界廣度有緣，無有疲倦。進修一切種智，滿心位成就「如水中月」現觀。

五地：由四地再證道種智一分故入五地。主修禪定波羅蜜多及一切種智，斷除下乘涅槃貪。滿心位成就「變化所成」現觀。

六地：由五地再證道種智一分故入六地。此地主修般若波羅蜜多——依道種智現觀十二因緣一一有支及意生身化身，皆自心眞如變化所現，「非有似有」，成就細相觀，不由加行而自然證得滅盡定，成俱解脫大乘無學。

七地：由六地「非有似有」現觀，再證道種智一分故入七地。此地主修一切種智及方便波羅蜜多，由重觀十二有支一一支中之流轉門及還滅門一切細相，成就方便善巧，念念隨入滅盡定。滿心位證得「如犍闥婆城」現觀。

七地滿心斷除故意保留之最後一分思惑時，煩惱障所攝色、受、想三陰有漏習氣種子全部斷盡。

八地：由七地極細相觀成就故再證道種智一分而入八地。此地主修一切種智及願波羅蜜多。至滿心位純無相觀任運恆起，故於相土自在，滿心位復證「如實覺知諸法相意生身」故。

九地：由八地再證道種智一分故入九地。主修力波羅蜜多及一切種智，成就四無礙，滿心位證得「種類俱生無行作意生身」。

十地：由九地再證道種智一分故入此地。此地主修一切種智——智波羅蜜多。滿心位起大法智雲，及現起大法智雲所含藏種種功德，成受職菩薩。

煩惱障所攝行、識二陰無漏習氣種子任運漸斷，所知障所攝上煩惱任運漸斷。

究竟位

等覺：由十地道種智成就故入此地。此地應修一切種智，圓滿等覺地無生法忍；於百劫中修集極廣大福德，以之圓滿三十二大人相及無量隨形好。

妙覺：示現受生人間已斷盡煩惱障一切習氣種子，並斷盡所知障一切隨眠，永斷變易生死無明，成就大般涅槃，四智圓明。人間捨壽後，報身常住色究竟天利樂十方地上菩薩；以諸化身利樂有情，永無盡期，成就究竟佛道。

斷盡變易生死成就大般涅槃

圓滿成就究竟佛果

佛子蕭平實 謹製
（二〇〇九、〇二 修訂）
（二〇一二、〇二 增補）

佛教正覺同修會 共修現況 及 招生公告　2023/02/14

一、共修現況：（請在共修時間來電，以免無人接聽。）

台北正覺講堂 103 台北市承德路三段 277 號九樓　捷運淡水線圓山站旁
Tel..總機 02-25957295（晚上）（**分機：九樓**辦公室 10、11；知客櫃檯 12、13。 **十樓**知客櫃檯 15、16；書局櫃檯 14。 **五樓**辦公室 18；知客櫃檯 19。**二樓**辦公室 20；知客櫃檯 21。）
Fax..25954493

第一講堂　台北市承德路三段 277 號九樓

禪淨班：週一晚班、週三晚班、週四晚班、週五晚班、週六下午班、週六上午班（共修期間二年半，全程免費。皆須報名建立學籍後始可參加共修，欲報名者詳見本公告末頁。）

增上班：成唯識論釋：單週六晚班。雙週六晚班（重播班）。17.50～20.50。平實導師講解，2022 年 2 月末開講，預定六年內講完，僅限已明心之會員參加。

禪門差別智：每月第一週日全天　平實導師主講（事冗暫停）。

解深密經詳解　本經從六度波羅蜜多談到八識心王，再詳論大乘見道所證眞如，然後論及悟後進修的相見道位所觀七眞如，以及入地後的十地所修，乃至成佛時的四智圓明一切種智境界，皆是可修可證之法，流傳至今依舊可證，顯示佛法眞是義學而非玄談，淺深次第皆所論及之第一義諦妙義。已於 2021 年三月下旬起開講，由平實導師詳解。每逢週二晚上開講，第一至第六講堂都可同時聽聞，歡迎菩薩種性學人，攜眷共同參與此殊勝法會現場聞法，不限制聽講資格。本會學員憑上課證進入第一至第四講堂聽講，會外學人請以身分證件換證進入聽講（此爲大樓管理處安全管理規定之要求，敬請諒解）；第五及第六講堂（B1、B2）對外開放，不需出示任何證件，請由大樓側門直接進入。

第二講堂　台北市承德路三段 267 號十樓。

禪淨班：週一晚班。

進階班：週三晚班、週四晚班、週五晚班、週六早班、週六下午班。禪淨班結業後轉入共修。

增上班：成唯識論釋：單週六晚班，影音同步傳播。雙週六晚班（重播班）

解深密經詳解：平實導師講解。每週二 18.50~20.50 影像音聲即時傳輸。

第三講堂　台北市承德路三段 277 號五樓。

禪淨班：週六下午班。

增上班：成唯識論釋：單週六晚班，影音同步傳播。雙週六晚班（重播班）

進階班：週一晚班、週三晚班、週四晚班、週五晚班。

解深密經詳解：平實導師講解。每週二 18.50~20.50 影像音聲即時傳輸。

第四講堂　台北市承德路三段 267 號二樓。

進階班：週一晚班、週三晚班、週四晚班（禪淨班結業後轉入共修）。

解深密經詳解：平實導師講解。每週二 18.50~20.50 影像音聲即時傳輸。

第五、第六講堂

念佛班　每週日晚上，第六講堂共修（B2），一切求生極樂世界的三寶弟子皆可參加，不限制共修資格。

進階班：週一晚班、週三晚班、週四晚班。

解深密經詳解：平實導師講解。每週二 18.50~20.50 影像音聲即時傳輸。第五、第六講堂爲**開放式講堂**，不需以身分證件換證即可進入聽講，台北市承德路三段 267 號地下一樓、地下二樓。每逢週二晚上講經時段開放給會外人士自由聽經，請由大樓側面梯階逕行進入聽講。**聽講者請尊重講者的著作權及肖像權，請勿錄音錄影，以免違法；若有錄音錄影被查獲者，將依法處理。**

第七講堂　台北市承德路三段 267 號六樓。

解深密經詳解：平實導師講解。每週二 18.50~20.50 影像音聲即時傳輸。

正覺祖師堂　大溪區美華里信義路 650 巷坑底 5 之 6 號（台 3 號省道 34 公里處 妙法寺對面斜坡道進入）電話 03-3886110　傳眞 03-3881692 本堂供奉 克勤圓悟大師，專供會員每年四月、十月各三次精進禪三共修，兼作本會出家菩薩掛單常住之用。開放參訪日期請參見本會公告。教內共修團體或道場，得另申請其餘時間作團體參訪，務請事先與常住確定日期，以便安排常住菩薩接引導覽，亦免妨礙常住菩薩之日常作息及修行。

桃園正覺講堂（第一、第二講堂）：桃園市介壽路 286、288 號 10 樓（陽明運動公園對面）電話：03-3749363(請於共修時聯繫，或與台北聯繫)

禪淨班：週一晚班（1）、週一晚班（2）、週三晚班、週四晚班、週五晚班。

進階班：週四晚班、週五晚班、週六上午班。

增上班：**成唯識論釋**。雙週六晚班（增上重播班）。

解深密經詳解：平實導師講解。每週二晚上，以台北正覺講堂所錄 DVD 放映；歡迎會外學人共同聽講，不需出示身分證件。

新竹正覺講堂　新竹市東光路 55 號二樓之一　電話 03-5724297（晚上）

第一講堂：

禪淨班：週五晚班。

進階班：週三晚班、週四晚班、週六上午班。由禪淨班結業後轉入共修

增上班：**成唯識論釋**。單週六晚班。雙週六晚班（重播班）。

解深密經詳解：平實導師講解。每週二晚上，以台北正覺講堂所錄 DVD 放映。歡迎會外學人共同聽講，不需出示身分證件。

第二講堂：

禪淨班：週一晚班、週三晚班、週四晚班、週六上午班。

解深密經詳解：每週二晚上與第一講堂同步播放講經 DVD。

第三、第四講堂：裝修完畢，已經啓用。

台中正覺講堂　04-23816090（晚上）

第一講堂　台中市南屯區五權西路二段 666 號 13 樓之四（國泰世華銀行樓上。鄰近縣市經第一高速公路前來者，由五權西路交流道可以快速到達，大樓旁有停車場，對面有素食館）。

禪淨班：週四晚班、週五晚班。

進階班：週一晚班、週三晚班、週六上午班（由禪淨班結業後轉入共修）。

增上班：**成唯識論釋**。單週六晚班。雙週六晚班（重播班）。

解深密經詳解：平實導師講解。每週二晚上，以台北正覺講堂所錄 DVD 放映。歡迎會外學人共同聽講，不需出示身分證件。

第二講堂　台中市南屯區五權西路二段 666 號 4 樓

禪淨班：週一晚班、週三晚班。

第三講堂台中市南屯區五權西路二段 666 號 4 樓

禪淨班：週一晚班。

第四講堂台中市南屯區五權西路二段 666 號 4 樓。

進階班：週一晚班、週四晚班、週六上午班，由禪淨班結業後轉入共修

解深密經詳解：每週二晚上與第一講堂同步播放講經 DVD。

嘉義正覺講堂　嘉義市友愛路 288 號八樓之一　電話：05-2318228

第一講堂：

禪淨班：週四晚班、週五晚班、週六上午班。

進階班：週一晚班、週三晚班（由禪淨班結業後轉入共修）。

增上班：**成唯識論釋**。單週六晚班。雙週六晚班（重播班）。

解深密經詳解：平實導師講解。每週二晚上，以台北正覺講堂所錄 DVD 放映。歡迎會外學人共同聽講，不需出示身分證件。

第二講堂　嘉義市友愛路 288 號八樓之二。

第三講堂　嘉義市友愛路 288 號四樓之七。

禪淨班：週一晚班、週三晚班。

台南正覺講堂

第一講堂　台南市西門路四段 15 號 4 樓。06-2820541（晚上）

禪淨班：週一晚班、週三晚班、週四晚班、週五晚班、週六下午班。

增上班：**成唯識論釋**。單週六晚班。雙週六晚班（重播班）。

解深密經詳解：平實導師講解。每週二晚上，以台北正覺講堂所錄 DVD 放映。歡迎會外學人共同聽講，不需出示身分證件。

第二講堂　台南市西門路四段 15 號 3 樓。

解深密經詳解：每週二晚上與第一講堂同步播放講經 DVD。

第三講堂　台南市西門路四段 15 號 3 樓。

進階班：週一晚班、週三晚班、週四晚班、週五晚班（由禪淨班結業後轉入共修）。

解深密經詳解：每週二晚上與第一講堂同步播放講經 DVD。

高雄正覺講堂　高雄市新興區中正三路 45 號五樓 07-2234248（晚上）

第一講堂（五樓）：

禪淨班：週一晚班、週三晚班、週四晚班、週五晚班、週六上午班。

增上班：**成唯識論釋**。單週六晚班。雙週六晚班（重播班）。

解深密經詳解：平實導師講解。每週二晚上，以台北正覺講堂所錄 DVD 放映。歡迎會外學人共同聽講，不需出示身分證件。

第二講堂（四樓）：

進階班：週三晚班、週四晚班、週六上午班（由禪淨班結業後轉入共修）。

解深密經詳解：每週二晚上與第一講堂同步播放講經 DVD。

第三講堂（三樓）：

進階班：週四晚班（由禪淨班結業後轉入共修）。

香港正覺講堂

香港新界葵涌打磚坪街 93 號維京科技商業中心A 座 18 樓。

電話：(852) 23262231

英文地址：18/F, Tower A, Viking Technology & Business Centre, 93 Ta Chuen Ping Street, Kwai Chung, N.T., Hong Kong.

禪淨班：單週六下午班、雙週六下午班、單週日上午班、單週日下午班、雙週日上午班。

進階班：雙週六、日上午班（由禪淨班結業後轉入共修）。

增上班：每月第一雙週日下午及晚上班，以台北增上班課程錄成 DVD 放映之。

增上重播班：每月第二雙週日下午及晚上班，以台北增上班課程錄成 DVD 放映之。

不退轉法輪經詳解：平實導師講解。每週六、日 19:00～21:00，以台北正覺講堂所錄 DVD 放映；歡迎會外學人共同聽講，不需出示身分證件。

二、招生公告 本會台北講堂及全省各講堂、香港講堂，每逢四月、十月下旬開新班，每週共修一次（每次二小時。開課日起三個月內仍可插班）；各班共修期間皆爲二年半，全程免費，欲參加者請向本會函索報名表（各共修處皆於共修時間方有人執事，非共修時間請勿電詢或前來洽詢、請書），或直接從本會官方網站(http://www.enlighten.org.tw/newsflash/class)或成佛之道網站下載報名表。共修期滿時，若經報名禪三審核通過者，可參加四天三夜之禪三精進共修，有機會明心、取證如來藏，發起般若實相智慧，成爲實義菩薩，脫離凡夫菩薩位。

三、新春禮佛祈福 農曆年假期間停止共修：自農曆新年前七天起停止共修與弘法，正月 8 日起回復共修、弘法事務。新春期間正月初一～初七 9.00～17.00 開放台北講堂、正月初一~初三開放新竹、台中、嘉義、台南、高雄講堂，以及大溪禪三道場（正覺祖師堂），方便會員供佛、祈福及會外人士請書。

密宗四大派修雙身法，是外道性力派的邪法；又以生滅的識陰作爲常住法，是常見外道，是假的藏傳佛教。

西藏覺囊巴以他空見弘揚第八識如來藏勝法，才是真藏傳佛教

佛教正覺同修會　弘法行事表

2022/04/25

1、**禪淨班**　以無相念佛及拜佛方式修習動中定力，實證一心不亂功夫。傳授解脫道正理及第一義諦佛法，以及參禪知見。共修期間：二年六個月。每逢四月、十月開新班，詳見招生公告表。

2、**進階班**　禪淨班畢業後得轉入此班，進修更深入的佛法，期能證悟明心。各地講堂各有多班，繼續深入佛法、增長定力，悟後得轉入增上班修學道種智，期能證得無生法忍。

3、**增上班 成唯識論**詳解　詳解八識心王的唯識性、唯識相、唯識位，分說八識心王及其心所各別的自性、所依、所緣、相應心所、行相、功用等，並闡述緣生諸法的四緣：因緣、等無間緣、所緣緣、增上緣等四緣，並論及十因五果等。論中闡釋**佛法實證及成就的根本法即是第八識，由第八識成就三界世間及出世間的一切染淨諸法，方有成佛之道可修、可證、可成就，名爲圓成實性**。然後詳解末法時代學人極易混淆的見道位所函蓋的眞見道、相見道、通達位等內容，指正末法時代高慢心一類學人，於見道位前後不斷所墮的同一邪謬處。末後開示修道位的十地之中，各地所應斷的二愚及所應證的一智，乃至佛位的四智圓明及具足四種涅槃等一切種智之眞實正理。由平實導師講述，每逢一、三、五週之週末晚上開示，每逢二、四週之週末爲重播班，供作後悟之菩薩補聞所未聽聞之法。增上班課程僅限已明心之會員參加。未來每逢講完十分之一內容時，便予出書流通；總共十輯，敬請期待。（註：《瑜伽師地論》從 2003 年二月開講，至 2022 年 2 月 19 日已經圓滿，爲期 18 年整。）

4、**解深密經**詳解　本經所說妙法極爲甚深難解，非唯論及佛法中心主旨的八識心王及般若實證之標的，亦論及眞見道之後轉入相見道位中應該修學之法，即是七眞如之觀行內涵，然後始可入地。亦論及見道之後，如何與解脫及佛菩提智相應，兼論十地進修之道，末論如來法身及四智圓明的一切種智境界。如是眞見道、相見道、諸地修行之義，傳至今時仍然可證，顯示佛法眞是義學而非玄談或思想，有實證之標的與內容，非學術界諸思惟研究者之所能到，乃是離言絕句之第八識第一義諦妙義。重講本經之目的，在於令諸已悟之人明解大乘佛法之成佛次第，以及悟後進修一切種智之內涵，確實證知三種自性性，並得據此證解七眞如、十眞如等正理，成就三無性的境界。已於 2021 年三月下旬起每逢週二的晚上公開宣講，由平實導師詳解。不限制聽講資格。

5、**精進禪三**　主三和尚：平實導師。於四天三夜中，以克勤圓悟大師及大慧宗杲之禪風，施設機鋒與小參、公案密意之開示，幫助會員剋期取證，親證不生不滅之眞實心——人人本有之如來藏。每年四月、十月各舉辦三個梯次；平實導師主持。僅限本會會員參加禪淨班共修期滿，報名審核通過者，方可參加。並選擇會中定力、慧力、福德三條件皆已具足之已明心會員，給以指引，令得眼見自己無形無相之佛性遍佈山河大地，眞實而無障礙，得以肉眼現觀世界身心悉皆如幻，具足成就如幻觀，圓滿十住菩薩之證境。

6、**阿含經**詳解　選擇重要之阿含部經典，依無餘涅槃之實際而加以詳解，令大眾得以現觀諸法緣起性空，亦復不墮斷滅見中，顯示經中所隱說之涅槃實際—如來藏—確實已於四阿含中隱說；令大眾得以聞後觀行，確實斷除我見乃至我執，證得**見到**眞現觀，乃至**身證**……等眞現觀；已得大乘或二乘見道者，亦可由此聞熏及聞後之觀行，除斷我所之貪著，成就慧解脫果。由平實導師詳解。不限制聽講資格。

7、**精選如來藏系經典**詳解　精選如來藏系經典一部，詳細解說，以此完全印證會員所悟如來藏之眞實，得入不退轉住。另行擇期詳細解說之，由平實導師講解。僅限已明心之會員參加。

8、**禪門差別智**　藉禪宗公案之微細淆訛難知難解之處，加以宣說及剖析，以增進明心、見性之功德，啓發差別智，建立擇法眼。每月第一週日全天，由平實導師開示，僅限破參明心後，復又眼見佛性者參加（事冗暫停）。

9、**枯木禪**　先講智者大師的《小止觀》，後說《釋禪波羅蜜》，詳解四禪八定之修證理論與實修方法，細述一般學人修定之邪見與岔路，及對禪定證境之誤會，消除枉用功夫、浪費生命之現象。已悟般若者，可以藉此而實修初禪，進入大乘通教及聲聞教的三果心解脫境界，配合應有的大福德及後得無分別智、十無盡願，即可進入初地心中。親教師：平實導師。未來緣熟時將於正覺寺開講。不限制聽講資格。

註：本會例行年假，自 2004 年起，改爲每年農曆新年前七天開始停息弘法事務及共修課程，農曆正月 8 日回復所有共修及弘法事務。新春期間（每日 9.00~17.00）開放台北講堂，方便會員禮佛祈福及會外人士請書。大溪區的正覺祖師堂，開放參訪時間，詳見〈正覺電子報〉或成佛之道網站。本表得因時節因緣需要而隨時修改之，不另作通知。

佛教正覺同修會　贈閱書籍 目錄　2021/8/30

1.**無相念佛**　平實導師著　回郵 36 元
2.**念佛三昧修學次第**　平實導師述著　回郵 52 元
3.**正法眼藏—護法集**　平實導師述著　回郵 76 元
4.**真假開悟簡易辨正法&佛子之省思**　平實導師著　回郵 26 元
5.**生命實相之辨正**　平實導師著　回郵 31 元
6.**如何契入念佛法門**（附：印順法師否定極樂世界）平實導師著　回郵 26 元
7.**平實書箋**—答元覽居士書　平實導師著　回郵 52 元
8.**三乘唯識**—如來藏系經律彙編　平實導師編　回郵 80 元
（精裝本　長 27 ㎝　寬 21 ㎝　高 7.5 ㎝　重 2.8 公斤）
9.**三時繫念全集**—修正本　回郵掛號 52 元（長 26.5 ㎝×寬 19 ㎝）
10.**明心與初地**　平實導師述　回郵 31 元
11.**邪見與佛法**　平實導師述著　回郵 36 元
12.**甘露法雨**　平實導師述　回郵 36 元
13.**我與無我**　平實導師述　回郵 36 元
14.**學佛之心態**—修正錯誤之學佛心態始能與正法相應 孫正德老師著 回郵52元
附錄：平實導師著**《略說八、九識並存…等之過失》**
15.**大乘無我觀**—《悟前與悟後》別說　平實導師述著　回郵 36 元
16.**佛教之危機**—中國台灣地區現代佛教之真相（附錄：公案拈提六則）
平實導師著　回郵 52 元
17.**燈　影**—燈下黑（覆「求教後學」來函等）　平實導師著　回郵 76 元
18.**護法與毀法**—覆上平居士與徐恒志居士網站毀法二文
張正圜老師著　回郵 76 元
19.**淨土聖道**—兼評選擇本願念佛　正德老師著　由正覺同修會購贈 回郵 52 元
20.**辨唯識性相**—對「紫蓮心海《辯唯識性相》書中否定阿賴耶識」之回應
正覺同修會 台南共修處法義組 著　回郵 52 元
21.**假如來藏**—對法蓮法師《如來藏與阿賴耶識》書中否定阿賴耶識之回應
正覺同修會 台南共修處法義組 著　回郵 76 元
22.**入不二門**—公案拈提集錦 第一輯（於平實導師公案拈提諸書中選錄約二十則，
合輯爲一冊流通之）平實導師著　回郵 52 元
23.**真假邪說**—西藏密宗索達吉喇嘛《破除邪說論》真是邪說
釋正安法師著　上、下冊回郵各 52 元
24.**真假開悟**—真如、如來藏、阿賴耶識間之關係　平實導師述著　回郵 76 元
25.**真假禪和**—辨正釋傳聖之謗法謬說　孫正德老師著　回郵 76 元
26.**眼見佛性**—駁慧廣法師眼見佛性的含義文中謬說
游正光老師著　回郵 52 元

27.**普門自在**—公案拈提集錦 第二輯（於平實導師公案拈提諸書中選錄約二十則，合輯爲一冊流通之）平實導師著　回郵52元

28.**印順法師的悲哀**—以現代禪的質疑為線索　恒毓博士著　回郵52元

29.**識蘊真義**—現觀識蘊內涵、取證初果、親斷三縛結之具體行門。
—依《成唯識論》及《惟識述記》正義，略顯安慧《大乘廣五蘊論》之邪謬
平實導師著　回郵76元

30.**正覺電子報** 各期紙版本　免附回郵　每次最多函索三期或三本。
（已無存書之較早各期，不另增印贈閱）

31.**現代人應有的宗教觀**　蔡正禮老師 著　回郵31元

32.**遠惑趣道**—正覺電子報般若信箱問答錄　第一輯　回郵52元

33.**遠惑趣道**—正覺電子報般若信箱問答錄　第二輯　回郵52元

34.**確保您的權益**—器官捐贈應注意自我保護　游正光老師 著　回郵31元

35.**正覺教團電視弘法三乘菩提 DVD 光碟（一）**

由正覺教團多位親教師共同講述錄製 DVD 8 片，MP3 一片，共 9 片。有二大講題：一爲「三乘菩提之意涵」，二爲「學佛的正知見」。內容精闢，深入淺出，精彩絕倫，幫助大眾快速建立三乘法道的正知見，免被外道邪見所誤導。有志修學三乘佛法之學人不可不看。（製作工本費 100 元，回郵 52 元）

36.**正覺教團電視弘法 DVD 專輯（二）**

總有二大講題：一爲「三乘菩提之念佛法門」，一爲「學佛正知見（第二篇）」，由正覺教團多位親教師輪番講述，內容詳細闡述如何修學念佛法門、實證念佛三昧，以及學佛應具有的正確知見，可以幫助發願往生西方極樂淨土之學人，得以把握往生，更可令學人快速建立三乘法道的正知見，免於被外道邪見所誤導。有志修學三乘佛法之學人不可不看。（一套 17 片，工本費 160 元。回郵 76 元）

37.**喇嘛性世界**—揭開假藏傳佛教譚崔瑜伽的面紗　張善思 等人合著
由正覺同修會購贈　回郵52元

38.**假藏傳佛教的神話**—性、謊言、喇嘛教　張正玄教授編著
由正覺同修會購贈　回郵52元

39.**隨 緣**—理隨緣與事隨緣　平實導師述　回郵52元。

40.**學佛的覺醒**　正枝居士 著　回郵52元

41.**導師之真實義**　蔡正禮老師 著　回郵31元

42.**淺談達賴喇嘛之雙身法**—兼論解讀「密續」之達文西密碼
吳明芷居士 著　回郵31元

43.**魔界轉世**　張正玄居士 著　回郵31元

44.**一貫道與開悟**　蔡正禮老師 著　回郵31元

45.**博愛**—愛盡天下女人　正覺教育基金會 編印　回郵36元

46.**意識虛妄經教彙編**—實證解脫道的關鍵經文　正覺同修會編印　回郵36元

47.**邪箭囈語**—破斥藏密外道多識仁波切《破魔金剛箭雨論》之邪說
陸正元老師著　上、下冊回郵各 52 元

48.**真假沙門**—依 佛聖教闡釋佛教僧寶之定義
蔡正禮老師著　俟正覺電子報連載後結集出版

49.**真假禪宗**—藉評論釋性廣《印順導師對變質禪法之批判
及對禪宗之肯定》以顯示真假禪宗
附論一：凡夫知見 無助於佛法之信解行證
附論二：世間與出世間一切法皆從如來藏實際而生而顯
余正偉老師著　俟正覺電子報連載後結集出版　回郵未定

★ 上列贈書之郵資，係台灣本島地區郵資，大陸、港、澳地區及外國地區，請另計酌增（大陸、港、澳、國外地區之郵票不許通用）。尚未出版之書，請勿先寄來郵資，以免增加作業煩擾。

★ 本目錄若有變動，唯於後印之書籍及「成佛之道」網站上修正公佈之，不另行個別通知。

函索書籍請寄：佛教正覺同修會　103 台北市承德路 3 段 277 號 9 樓
台灣地區函索書籍者請附寄郵票，無時間購買郵票者可以等值現金抵用，但不接受郵政劃撥、支票、匯票。大陸地區得以人民幣計算，國外地區請以美元計算（請勿寄來當地郵票，在台灣地區不能使用）。欲以掛號寄遞者，請另附掛號郵資。

親自索閱：正覺同修會各共修處。　★請於共修時間前往取書，餘時無人在道場，請勿前往索取；共修時間與地點，詳見書末正覺同修會共修現況表（以近期之共修現況表爲準）。

註：正智出版社發售之局版書，請向各大書局購閱。若書局之書架上已經售出而無陳列者，請向書局櫃台指定洽購；若書局不便代購者，請於正覺同修會共修時間前往各共修處請購，正智出版社已派人於共修時間送書前往各共修處流通。 郵政劃撥購書及 大陸地區 購書，請詳別頁正智出版社發售書籍目錄最後頁之說明。

成佛之道 網站：http://www.a202.idv.tw　正覺同修會已出版之結緣書籍，多已登載於 成佛之道 網站，若住外國、或住處遙遠，不便取得正覺同修會贈閱書籍者，可以從本網站閱讀及下載。

＊＊假藏傳佛教修雙身法，非佛教＊＊

正智出版社 籌募弘法基金發售書籍目錄 2022/12/27

1.**宗門正眼**—公案拈提 第一輯 重拈 平實導師著 500 元
因重寫內容大幅度增加故，字體必須改小，並增爲 576 頁 主文 546 頁。比初版更精彩、更有內容。初版《禪門摩尼寶聚》之讀者，可寄回本公司免費調換新版書。免附回郵，亦無截止期限。（2007 年起，每冊附贈本公司精製公案拈提〈超意境〉CD 一片。市售價格 280 元，多購多贈。）

2.**禪淨圓融** 平實導師著 200 元（第一版舊書可換新版書。）

3.**真實如來藏** 平實導師著 400 元

4.**禪—悟前與悟後** 平實導師著 上、下冊，每冊 250 元

5.**宗門法眼**—公案拈提 第二輯 平實導師著 500 元
（2007 年起，每冊附贈本公司精製公案拈提〈超意境〉CD 一片）

6.**楞伽經詳解** 平實導師著 全套共 10 輯 每輯 250 元

7.**宗門道眼**—公案拈提 第三輯 平實導師著 500 元
（2007 年起，每冊附贈本公司精製公案拈提〈超意境〉CD 一片）

8.**宗門血脈**—公案拈提 第四輯 平實導師著 500 元
（2007 年起，每冊附贈本公司精製公案拈提〈超意境〉CD 一片）

9.**宗通與說通**—成佛之道 平實導師著 主文 381 頁 全書 400 頁售價 300 元

10.**宗門正道**—公案拈提 第五輯 平實導師著 500 元
（2007 年起，每冊附贈本公司精製公案拈提〈超意境〉CD 一片）

11.**狂密與真密** 一～四輯 平實導師著 西藏密宗是人間最邪淫的宗教，本質不是佛教，只是披著佛教外衣的印度教性力派流毒的喇嘛教。此書中將西藏密宗密傳之男女雙身合修樂空雙運所有祕密與修法，毫無保留完全公開，並將全部喇嘛們所不知道的部分也一併公開。內容比大辣出版社喧騰一時的《西藏慾經》更詳細。並且函蓋藏密的所有祕密及其錯誤的中觀見、如來藏見……等，藏密的所有法義都在書中詳述、分析、辨正。每輯主文三百餘頁 每輯全書約 400 頁 售價每輯 300 元

12.**宗門正義**—公案拈提 第六輯 平實導師著 500 元
（2007 年起，每冊附贈本公司精製公案拈提〈超意境〉CD 一片）

13.**心經密意**—心經與解脫道、佛菩提道、祖師公案之關係與密意 平實導師述 300 元

14.**宗門密意**—公案拈提 第七輯 平實導師著 500 元
（2007 年起，每冊附贈本公司精製公案拈提〈超意境〉CD 一片）

15.**淨土聖道**—兼評「選擇本願念佛」 正德老師著 200 元

16.**起信論講記** 平實導師述著 共六輯 每輯三百餘頁 售價各 250 元

17.**優婆塞戒經講記** 平實導師述著 共八輯 每輯三百餘頁 售價各 250 元

18.**真假活佛**—略論附佛外道盧勝彥之邪說（對前岳靈犀網站主張「盧勝彥是證悟者」之修正） 正犀居士（岳靈犀）著 流通價 140 元

19.**阿含正義**—唯識學探源 平實導師著 共七輯 每輯 300 元

20.**超意境** CD 以平實導師公案拈提書中超越意境之頌詞，加上曲風優美的旋律，錄成令人嚮往的超意境歌曲，其中包括正覺發願文及平實導師親自譜成的黃梅調歌曲一首。詞曲雋永，殊堪翫味，可供學禪者吟詠，有助於見道。內附設計精美的彩色小冊，解說每一首詞的背景本事。每片 280 元。【每購買公案拈提書籍一冊，即贈送一片。】

21.**菩薩底憂鬱** CD 將菩薩情懷及禪宗公案寫成新詞，並製作成超越意境的優美歌曲。 1.主題曲〈菩薩底憂鬱〉，描述地後菩薩能離三界生死而迴向繼續生在人間，但因尚未斷盡習氣種子而有極深沈之憂鬱，非三賢位菩薩及二乘聖者所知，此憂鬱在七地滿心位方才斷盡；本曲之詞中所說義理極深，昔來所未曾見；此曲係以優美的情歌風格寫詞及作曲，聞者得以激發嚮往諸地菩薩境界之大心，詞、曲都非常優美，難得一見；其中勝妙義理之解說，已印在附贈之彩色小冊中。 2.以各輯公案拈提中直示禪門入處之頌文，作成各種不同曲風之超意境歌曲，值得玩味、參究；聆聽公案拈提之優美歌曲時，請同時閱讀內附之印刷精美說明小冊，可以領會超越三界的證悟境界；未悟者可以因此引發求悟之意向及疑情，眞發菩提心而邁向求悟之途，乃至因此眞實悟入般若，成眞菩薩。 3.正覺總持咒新曲，總持佛法大意；總持咒之義理，已加以解說並印在隨附之小冊中。本 CD 共有十首歌曲，長達 63 分鐘。每盒各附贈二張購書優惠券。每片 320 元。

22.**禪意無限** CD 平實導師以公案拈提書中偈頌寫成不同風格曲子，與他人所寫不同風格曲子共同錄製出版，幫助參禪人進入禪門超越意識之境界。盒中附贈彩色印製的精美解說小冊，以供聆聽時閱讀，令參禪人得以發起參禪之疑情，即有機會證悟本來面目而發起實相智慧，實證大乘菩提般若，能如實證知般若經中的眞實意。本 CD 共有十首歌曲，長達 69 分鐘，每盒各附贈二張購書優惠券。每片 320 元。

23.**我的菩提路**第一輯　釋悟圓、釋善藏等人合著　售價 300 元

24.**我的菩提路**第二輯　郭正益等人合著　售價 300 元

（初版首刷至第四刷，都可以寄來免費更換爲第二版，免附郵費）

25.**我的菩提路**第三輯　王美伶等人合著　售價 300 元

26.**我的菩提路**第四輯　陳晏平等人合著　售價 300 元

27.**我的菩提路**第五輯　林慈慧等人合著　售價 300 元

28.**我的菩提路**第六輯　劉惠莉等人合著　售價 300 元

29.**我的菩提路**第七輯　余正偉等人合著　售價 300 元

30.**鈍鳥與靈龜**—考證後代凡夫對大慧宗杲禪師的無根誹謗。

平實導師著 共 458 頁 售價 350 元

31.**維摩詰經講記** 平實導師述 共六輯 每輯三百餘頁 售價各 250 元

32.**真假外道**—破劉東亮、杜大威、釋證嚴常見外道見　正光老師著　200 元

33.**勝鬘經講記**—兼論印順《勝鬘經講記》對於《勝鬘經》之誤解。

平實導師述　共六輯　每輯三百餘頁　售價250元

34.**楞嚴經講記**　平實導師述　共15輯，每輯三百餘頁　售價300元

35.**明心與眼見佛性**—駁慧廣〈蕭氏「眼見佛性」與「明心」之非〉文中謬說

正光老師著　共448頁　售價300元

36.**見性與看話頭**　黃正倖老師 著，本書是禪宗參禪的方法論。

內文375頁，全書416頁，售價300元。

37.**達賴真面目**—玩盡天下女人 白正偉老師 等著 中英對照彩色精裝大本800元

38.**喇嘛性世界**—揭開假藏傳佛教譚崔瑜伽的面紗　張善思 等人著　200元

39.**假藏傳佛教的神話**—性、謊言、喇嘛教　正玄教授編著　200元

40.**金剛經宗通**　平實導師述　共九輯　每輯售價250元。

41.**空行母**—性別、身分定位，以及藏傳佛教。

珍妮·坎貝爾著 呂艾倫 中譯 售價250元

42.**末代達賴**—性交教主的悲歌　張善思、呂艾倫、辛燕編著 售價250元

43.**霧峰無霧**—給哥哥的信　辨正釋印順對佛法的無量誤解

游宗明 老師著　售價250元

44.**霧峰無霧**—第二輯—救護佛子向正道　細說釋印順對佛法的各類誤解

游宗明 老師著　售價250元

45.**第七意識與第八意識？**—穿越時空「超意識」

平實導師述　每冊300元

46.**黯淡的達賴**—失去光彩的諾貝爾和平獎

正覺教育基金會編著　每冊250元

47.**童女迦葉考**—論呂凱文〈佛教輪迴思想的論述分析〉之謬。

平實導師 著 定價180元

48.**人間佛教**—實證者必定不悖三乘菩提

平實導師 述，定價400元

49.**實相經宗通**　平實導師述　共八輯　每輯250元

50.**真心告訴您(一)**—達賴喇嘛在幹什麼？

正覺教育基金會編著　售價250元

51.**中觀金鑑**—詳述應成派中觀的起源與其破法本質

孫正德老師著　分為上、中、下三冊，每冊250元

52.**藏傳佛教要義**—《狂密與真密》之簡體字版　平實導師 著 上、下冊

僅在大陸流通　每冊300元

53.**法華經講義**　平實導師述　共二十五輯　每輯三百餘頁 售價300元

54.**西藏「活佛轉世」制度**—附佛、造神、世俗法

許正豐、張正玄老師合著　定價150元

55.**廣論三部曲**　郭正益老師著　定價150元

56.**真心告訴您(二)**—達賴喇嘛是佛教僧侶嗎？

—補祝達賴喇嘛八十大壽

正覺教育基金會編著　售價300元

57.**次法**—實證佛法前應有的條件
張善思居士著　分爲上、下二冊，每冊 250 元
58.**涅槃**—解說四種涅槃之實證及內涵　平實導師著 上、下冊 各 350 元
59.**山法**—西藏關於他空與佛藏之根本論
篤補巴．喜饒堅贊著　　傑弗里．霍普金斯英譯
張火慶教授、呂艾倫老師中譯　精裝大本 1200 元
60.**佛藏經講義**　平實導師述　共二十一輯　每輯三百餘頁 售價 300 元。
61.**成唯識論**　大唐 玄奘菩薩所著鉅論。重新正確斷句，並以不同字體及標點符號顯示質疑文，令得易讀。全書 288 頁，精裝大本 400 元。
62.**大法鼓經講義**　平實導師述 2023 年 1 月 30 日開始出版　共六輯 每二個月出版一輯，每輯 300 元
63.**成唯識論釋**—詳解大唐玄奘菩薩所著《成唯識論》，平實導師述著。共十輯，於每講完一輯的分量以後即予出版，預計 2023 年五月出版第一輯，以後每七到九個月出版一輯，每輯 400 元。
64.**假鋒虛焰金剛乘**—揭示顯密正理，兼破索達吉師徒《般若鋒兮金剛焰》
釋正安法師著 簡體字版 即將出版 售價未定
65.**廣論之平議**—宗喀巴《菩提道次第廣論》之平議　正雄居士著
約二或三輯　俟正覺電子報連載後結集出版　書價未定
66.**不退轉法輪經講義**　平實導師講述　《大法鼓經講義》出版後發行
67.**八識規矩頌**詳解　○○居士 註解　出版日期另訂　書價未定。
68.**中觀正義**—註解平實導師《中論正義頌》。
○○法師（居士）著　出版日期未定　書價未定
69.**中論正義**—釋龍樹菩薩《中論》頌正理。
孫正德老師著　出版日期未定　書價未定
70.**中國佛教史**—依中國佛教正法史實而論。 ○○老師 著　書價未定。
71.**印度佛教史**—法義與考證。依法義史實評論印順《印度佛教思想史、佛教史地考論》之謬說　正偉老師著　出版日期未定　書價未定
72.**阿含經講記**—將選錄四阿含中數部重要經典全經講解之，講後整理出版。
平實導師述　約二輯　每輯 300 元　出版日期未定
73.**實積經講記**　平實導師述　每輯三百餘頁 優惠價 300 元 出版日期未定
74.**解深密經講義**　平實導師述 約四輯　將於重講後整理出版
75.**修習止觀坐禪法要講記**　平實導師述　每輯三百餘頁
將於正覺寺建成後重講、以講記逐輯出版　出版日期未定
76.**無門關**—《無門關》公案拈提　平實導師著　出版日期未定
77.**中觀再論**—兼述印順《中觀今論》謬誤之平議。 正光老師著 出版日期未定
78.**輪迴與超度**—佛教超度法會之真義。
○○法師（居士）著　出版日期未定　書價未定
79.**《釋摩訶衍論》平議**—對偽稱龍樹所造《釋摩訶衍論》之平議
○○法師（居士）著　出版日期未定　書價未定

80.**正覺發願文**註解—以真實大願為因 得證菩提
正德老師著　出版日期未定　書價未定
81.**正覺總持咒**—佛法之總持　正圜老師著　出版日期未定　書價未定
82.**三自性**—依四食、五蘊、十二因緣、十八界法，說三性三無性。
作者未定　出版日期未定
83.**道品**—從三自性說大小乘三十七道品　作者未定　出版日期未定
84.**大乘緣起觀**—依四聖諦七真如現觀十二緣起 作者未定　出版日期未定
85.**三德**—論解脫德、法身德、般若德。　作者未定　出版日期未定
86.**真假如來藏**—對印順《如來藏之研究》謬說之平議　作者未定 出版日期未定
87.**大乘道次第**　作者未定　出版日期未定　書價未定
88.**四緣**—依如來藏故有四緣。　作者未定　出版日期未定
89.**空之探究**—印順《空之探究》謬誤之平議　作者未定 出版日期未定
90.**十法義**—論阿含經中十法之正義　作者未定　出版日期未定
91.**外道見**—論述外道六十二見　作者未定　出版日期未定

正智出版社有限公司 書籍介紹

禪淨圓融：言淨土諸祖所未曾言，示諸宗祖師所未曾示；禪淨圓融，另闢成佛捷徑，兼顧自力他力，闡釋淨土門之速行易行道，亦同時揭櫫聖教門之速行易行道；令廣大淨土行者得免緩行難證之苦，亦令聖道門行者得以藉著淨土速行道而加快成佛之時劫。乃前無古人之超勝見地，非一般弘揚禪淨法門典籍也，先讀為快。平實導師著 200元。

宗門正眼—公案拈提第一輯：繼承克勤圜悟大師碧巖錄宗旨之禪門鉅作。先則舉示當代大法師之邪說，消弭當代禪門大師鄉愿之心態，摧破當今禪門「世俗禪」之妄談；次則旁通教法，表顯宗門正理；繼以道之次第，消弭古今狂禪；後藉言語及文字機鋒，直示宗門入處。悲智雙運，禪味十足，數百年來難得一睹之禪門鉅著也。平實導師著　500元（原初版書《禪門摩尼寶聚》，改版後補充為五百餘頁新書，總計多達二十四萬字，內容更精彩，並改名為《宗門正眼》，讀者原購初版《禪門摩尼寶聚》皆可寄回本公司免費換新，免附回郵，亦無截止期限）（2007年起，凡購買公案拈提第一輯至第七輯，每購一輯皆贈送本公司精製公案拈提〈超意境〉CD一片，市售價格280元，多購多贈）。

禪—悟前與悟後：本書能建立學人悟道之信心與正確知見，圓滿具足而有次第地詳述禪悟之功夫與禪悟之內容，指陳參禪中細微淆訛之處，能使學人明自真心、見自本性。若未能悟入，亦能以正確知見辨別古今中外一切大師究係真悟？或屬錯悟？便有能力揀擇，捨名師而選明師，後時必有悟道之緣。一旦悟道，遲者七次人天往返，便出三界，速者一生取辦。學人欲求開悟者，不可不讀。　平實導師著。上、下冊共500元，單冊250元。

真實如來藏：如來藏眞實存在，乃宇宙萬有之本體，並非印順法師、達賴喇嘛等人所說之「唯有名相、無此心體」。如來藏是涅槃之本際，是一切有智之人竭盡心智、不斷探索而不能得之生命實相；是古今中外許多大師自以爲悟而當面錯過之生命實相。如來藏即是阿賴耶識，乃是一切有情本自具足、不生不滅之眞實心。當代中外大師於此書出版之前所未能言者，作者於本書中盡情流露、詳細闡釋。眞悟者讀之，必能增益悟境、智慧增上；錯悟者讀之，必能檢討自己之錯誤，免犯大妄語業；未悟者讀之，能知參禪之理路，亦能以之檢查一切名師是否眞悟。此書是一切哲學家、宗教家、學佛者及欲昇華心智之人必讀之鉅著。　平實導師著　售價400元。

宗門法眼—公案拈提第二輯：列舉實例，闡釋土城廣欽老和尚之悟處；並直示這位不識字的老和尚妙智橫生之根由，繼而剖析禪宗歷代大德之開悟公案，解析當代密宗高僧卡盧仁波切之錯悟證據，並例舉當代顯宗高僧、大居士之錯悟證據（凡健在者，爲免影響其名聞利養，皆隱其名）。藉辨正當代名師之邪見，向廣大佛子指陳禪悟之正道，彰顯宗門法眼。悲勇兼出，強捋虎鬚；慈智雙運，巧探驪龍；摩尼寶珠在手，直示宗門入處，禪味十足；若非大悟徹底，不能爲之。禪門精奇人物，允宜人手一冊，供作參究及悟後印證之圭臬。本書於2008年4月改版，增寫爲大約500頁篇幅，以利學人研讀參究時更易悟入宗門正法，以前所購初版首刷及初版二刷舊書，皆可免費換取新書。平實導師著　500元（2007年起，凡購買公案拈提第一輯至第七輯，每購一輯皆贈送本公司精製公案拈提〈超意境〉CD一片，市售價格280元，多購多贈）。

宗門道眼—公案拈提第三輯：繼宗門法眼之後，再以金剛之作略、慈悲之胸懷、犀利之筆觸，舉示寒山、拾得、布袋三大士之悟處，消弭當代錯悟者對於寒山大士……等之誤會及誹謗。亦舉出民初以來與虛雲和尚齊名之蜀郡鹽亭袁煥仙夫子——南懷瑾老師之師，其「悟處」何在？並蒐羅許多眞悟祖師之證悟公案，顯示禪宗歷代祖師之睿智，指陳部分祖師、奧修及當代顯密大師之謬悟，作爲殷鑑，幫助禪子建立及修正參禪之方向及知見。假使讀者閱此書已，一時尚未能悟，亦可一面加功用行，一面以此宗門道眼辨別眞假善知識，避開錯誤之印證及歧路，可免大妄語業之長劫慘痛果報。欲修禪宗之禪者，務請細讀。平實導師著　售價500元（2007年起，凡購買公案拈提第一輯至第七輯，每購一輯皆贈送本公司精製公案拈提〈超意境〉CD一片，市售價格280元，多購多贈）。

楞伽經詳解：本經是禪宗見道者印證所悟眞僞之根本經典，亦是禪宗見道者悟後起修之依據經典；故達摩祖師於印證二祖慧可大師之後，將此經典連同佛鉢祖衣一併交付二祖，令其依此經典佛示金言、進入修道位，修學一切種智。由此可知此經對於眞悟之人修學佛道，是非常重要之一部經典。此經能破外道邪說，亦破佛門中錯悟名師之謬說，亦破禪宗部分祖師之狂禪：不讀經典、一向主張「一悟即成究竟佛」之謬執。並開示愚夫所行禪、觀察義禪、攀緣如禪、如來禪等差別，令行者對於三乘禪法差異有所分辨；亦糾正禪宗祖師古來對於如來禪之誤解，嗣後可免以訛傳訛之弊。此經亦是法相唯識宗之根本經典，禪者悟後欲修一切種智而入初地者，必須詳讀。平實導師著，全套共十輯，已全部出版完畢，每輯主文約320頁，每冊約352頁，定價250元。

宗門血脈—公案拈提第四輯：末法怪象—許多修行人自以爲悟，每將無念靈知認作眞實；崇尙二乘法諸師及其徒衆，則將外於如來藏之緣起性空—無因論之無常空、斷滅空、一切法空—錯認爲 佛所說之般若空性。這兩種現象已於當今海峽兩岸及美加地區顯密大師之中普遍存在；人人自以爲悟，心高氣壯，便敢寫書解釋祖師證悟之公案，大多出於意識思惟所得，言不及義，錯誤百出，因此誤導廣大佛子同陷大妄語之地獄業中而不能自知。彼等書中所說之悟處，其實處處違背第一義經典之聖言量。彼等諸人不論是否身披袈裟，都非佛法宗門血脈，或雖有禪宗法脈之傳承，亦只徒具形式；猶如螟蛉，非眞血脈，未悟得根本眞實故。禪子欲知 佛、祖之眞血脈者，請讀此書，便知分曉。平實導師著，主文452頁，全書464頁，定價500元（2007年起，凡購買公案拈提第一輯至第七輯，每購一輯皆贈送本公司精製公案拈提〈超意境〉CD一片，市售價格280元，多購多贈）。

宗通與說通：古今中外，錯誤之人如麻似粟，每以常見外道所說之靈知心，認作眞心；或妄想虛空之勝性能量爲眞如，或錯認物質四大元素藉冥性（靈知心本體）能成就吾人色身及知覺，或認初禪至四禪中之了知心爲不生不滅之涅槃心。此等皆非通宗者之見地。復有錯悟之人一向主張「宗門與教門不相干」，此即尙未通達宗門之人也。其實宗門與教門互通不二，宗門所證者乃是眞如與佛性，教門所說者乃說宗門證悟之眞如佛性，故教門與宗門不二。本書作者以宗教二門互通之見地，細說「宗通與說通」，從初見道至悟後起修之道、細說分明；並將諸宗諸派在整體佛教中之地位與次第，加以明確之教判，學人讀之即可了知佛法之梗概也。欲擇明師學法之前，允宜先讀。平實導師著，主文共381頁，全書392頁，只售成本價300元。

宗門正道—公案拈提第五輯：修學大乘佛法有二果須證—解脫果及大菩提果。二乘人不證大菩提果，唯證解脫果；此果之智慧，名為聲聞菩提、緣覺菩提。大乘佛子所證二果之菩提果為佛菩提，故名大菩提果，其慧名為一切種智—函蓋二乘解脫果。然此大乘二果修證，須經由禪宗之宗門證悟方能相應。而宗門證悟極難，自古已然；其所以難者，咎在古今佛教界普遍存在三種邪見：1.以修定認作佛法，2.以無因論之緣起性空—否定涅槃本際如來藏以後之一切法空作為佛法，3.以常見外道邪見（離語言妄念之靈知性）作為佛法。如是邪見，或因自身正見未立所致，或因邪師之邪教導所致，或因無始劫來虛妄熏習所致。若不破除此三種邪見，永劫不悟宗門眞義、不入大乘正道，唯能外門廣修菩薩行。平實導師於此書中，有極為詳細之說明，有志佛子欲摧邪見、入於內門修菩薩行者，當閱此書。主文共496頁，全書512頁。售價500元（2007年起，凡購買公案拈提第一輯至第七輯，每購一輯皆贈送本公司精製公案拈提〈超意境〉CD一片，市售價格280元，多購多贈）。

狂密與真密：密教之修學，皆由有相之觀行法門而入，其最終目標仍不離顯教經典所說第一義諦之修證；若離顯教第一義經典、或違背顯教第一義經典，即非佛教。西藏密教之觀行法，如灌頂、觀想、遷識法、寶瓶氣、大聖歡喜雙身修法、喜金剛、無上瑜伽、大樂光明、樂空雙運等，皆是印度教兩性生生不息思想之轉化，自始至終皆以如何能運用交合淫樂之法達到全身受樂為其中心思想，純屬欲界五欲的貪愛，不能令人超出欲界輪迴，更不能令人斷除我見；何況大乘之明心與見性，更無論矣！故密宗之法絕非佛法也。而其明光大手印、大圓滿法教，又皆同以常見外道所說離語言妄念之無念靈知心錯認為佛地之眞如，不能直指不生不滅之眞如。西藏密宗所有法王與徒眾，都尚未開頂門眼，不能辨別眞偽，以依人不依法、依密續不依經典故，不肯將其上師喇嘛所說對照第一義經典，純依密續之藏密祖師所說為準，因此而誇大其證德與證量，動輒謂彼祖師上師為究竟佛、為地上菩薩；如今台海兩岸亦有自謂其師證量高於 釋迦文佛者，然觀其師所述，猶未見道，仍在觀行即佛階段，尚未到禪宗相似即佛、分證即佛階位，竟敢標榜為究竟佛及地上法王，誑惑初機學人。凡此怪象皆是狂密，不同於眞密之修行者。近年狂密盛行，密宗行者被誤導者極眾，動輒自謂已證佛地眞如，自視為究竟佛，陷於大妄語業中而不知自省，反謗顯宗眞修實證者之證量粗淺；或如義雲高與釋性圓…等人，於報紙上公然誹謗眞實證道者為「騙子、無道人、人妖、癩蛤蟆…」等，造下誹謗大乘勝義僧之大惡業；或以外道法中有為有作之甘露、魔術……等法，誑騙初機學人，狂言彼外道法為眞佛法。如是怪象，在西藏密宗及附藏密之外道中，不一而足，舉之不盡，學人宜應慎思明辨，以免上當後又犯毀破菩薩戒之重罪。密宗學人若欲遠離邪知邪見者，請閱此書，即能了知密宗之邪謬，從此遠離邪見與邪修，轉入眞正之佛道。平實導師著 共四輯 每輯約400頁（主文約340頁）每輯售價300元。

宗門正義—公案拈提第六輯：佛教有六大危機，乃是藏密化、世俗化、膚淺化、學術化、宗門密意失傳、悟後進修諸地之次第混淆；其中尤以宗門密意之失傳，爲當代佛教最大之危機。由宗門密意失傳故，易令 世尊本懷普被錯解，易令 世尊正法被轉易爲外道法，以及加以淺化、世俗化，是故宗門密意之廣泛弘傳與具緣佛弟子，極爲重要。然而欲令宗門密意之廣泛弘傳予具緣之佛弟子者，必須同時配合錯誤知見之解析、普令佛弟子知之，然後輔以公案解析之直示入處，方能令具緣之佛弟子悟入。而此二者，皆須以公案拈提之方式爲之，方易成其功、竟其業，是故平實導師續作宗門正義一書，以利學人。 全書500餘頁，售價500元（2007年起，凡購買公案拈提第一輯至第七輯，每購一輯皆贈送本公司精製公案拈提〈超意境〉CD一片，市售價格280元，多購多贈）。

心經密意—心經與解脫道、佛菩提道、祖師公案之關係與密意。二乘菩提所證之解脫道，實依第八識心之斷除煩惱障現行而立解脫之名；大乘菩提所證之佛菩提道，實依親證第八識如來藏之涅槃性、清淨自性、及其中道性而立般若之名；禪宗祖師公案所證之眞心，即是此第八識如來藏；是故三乘佛法所修所證之三乘菩提，皆依此如來藏心而立名也。此第八識心，即是《心經》所說之心也。證得此如來藏已，即能漸入大乘佛菩提道，亦可因證知此心而了知二乘無學所不能知之無餘涅槃本際，是故《心經》之密意，與三乘佛菩提之關係極爲密切、不可分割，三乘佛法皆依此心而立名故。今者平實導師以其所證解脫道之無生智及佛菩提之般若種智，將《心經》與解脫道、佛菩提道、祖師公案之關係與密意，以演講之方式，用淺顯之語句和盤托出，發前人所未言，呈三乘菩提之眞義，令人藉此《心經密意》一舉而窺三乘菩提之堂奧，迴異諸方言不及義之說；欲求眞實佛智者、不可不讀！主文317頁，連同跋文及序文…等共384頁，售價300元。

宗門密意—公案拈提第七輯：佛教之世俗化，將導致學人以信仰作爲學佛，則將以感應及世間法之庇祐，作爲學佛之主要目標，不能了知學佛之主要目標爲親證三乘菩提。大乘菩提則以般若實相智慧爲主要修習目標，以二乘菩提解脫道爲附帶修習之標的；是故學習大乘法者，應以禪宗之證悟爲要務，能親入大乘菩提之實相般若智慧中故，般若實相智慧非二乘聖人所能知故。此書則以台灣世俗化佛教之三大法師，說法似是而非之實例，配合眞悟祖師之公案解析，提示證悟般若之關節，令學人易得悟入。平實導師著，全書五百餘頁，售價500元（2007年起，凡購買公案拈提第一輯至第七輯，每購一輯皆贈送本公司精製公案拈提〈超意境〉CD一片，市售價格280元，多購多贈）。

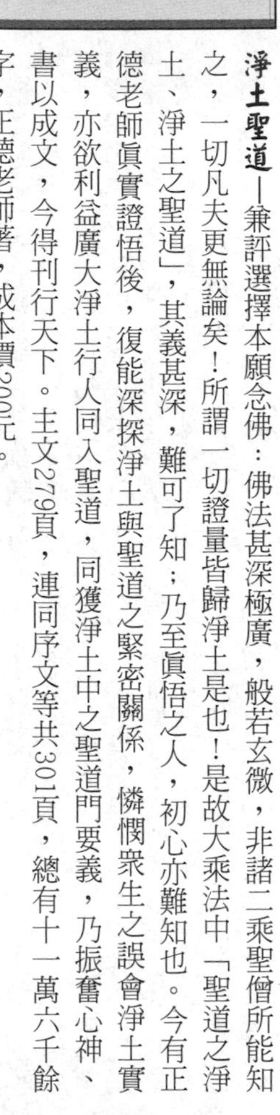

淨土聖道—兼評選擇本願念佛：佛法甚深極廣，般若玄微，非諸二乘聖僧所能知之，一切凡夫更無論矣！所謂一切證量皆歸淨土是也！是故大乘法中「聖道之淨土、淨土之聖道」，其義甚深，難可了知；乃至眞悟之人，初心亦難知也。今有正德老師眞實證悟後，復能深探淨土與聖道之緊密關係，憐憫眾生之誤會淨土實義，亦欲利益廣大淨土行人同入聖道，同獲淨土中之聖道門要義，乃振奮心神、書以成文，今得刊行天下。主文279頁，連同序文等共301頁，總有十一萬六千餘字，正德老師著，成本價200元。

起信論講記：詳解大乘起信論心生滅門與心眞如門之眞實意旨，消除以往大師與學人對起信論所說心生滅門之誤解，由是而得了知眞心如來藏之非常非斷中道正理；亦因此一講解，令此論以往隱晦而被誤解之眞實義，得以如實顯示，令大乘佛菩提道之正理得以顯揚光大；初機學者亦可藉此正論所顯示之法義，對大乘法理生起正信，從此得以眞發菩提心，眞入大乘法中修學，世世常修菩薩正行。平實導師演述，共六輯，都已出版，每輯三百餘頁，售價各250元。

優婆塞戒經講記：本經詳述在家菩薩修學大乘佛法，應如何受持菩薩戒？對人間善行應如何看待？對三寶應如何護持？應如何正確地修集此世後世證法之福德？應如何修集後世「行菩薩道之資糧」？並詳述第一義諦之正義：五蘊非我非異我、自作自受、異作異受、不作不受……等深妙法義，乃是修學大乘佛法、行菩薩行之在家菩薩所應當了知者。出家菩薩今世或未來世登地已，捨報之後多數將如華嚴經中諸大菩薩，以在家菩薩身而修行菩薩行，故亦應以此經所述正理而修之，配合《楞伽經、解深密經、楞嚴經、華嚴經》等道次第正理，方得漸次成就佛道；故此經是一切大乘行者皆應證知之正法。平實導師講述，每輯三百餘頁，售價各250元；共八輯，已全部出版。

真假活佛—略論附佛外道盧勝彥之邪說：人人身中都有眞活佛，永生不滅而有大神用，但衆生都不了知，所以常被身外的西藏密宗假活佛籠罩欺瞞。本來就眞實存在的眞活佛，才是眞正的密宗無上密！諾那活佛因此而說禪宗是大密宗，但藏密的所有活佛都不知道、也不曾實證自身中的眞活佛。本書詳實宣示眞活佛的道理，舉證盧勝彥的「佛法」不是眞佛法，也顯示盧勝彥是假活佛，直接的闡釋第一義佛法見道的眞實正理。眞佛宗的所有上師與學人們，都應該詳細閱讀，包括盧勝彥個人在內。正犀居士著，優惠價140元。

阿含正義—唯識學探源：廣說四大部《阿含經》諸經中隱說之眞正義理，一一舉示佛陀本懷，令阿含時期初轉法輪根本經典之眞義，如實顯現於佛子眼前。並提示末法大師對於阿含眞義誤解之實例，一一比對之，證實唯識增上慧學確於原始佛法之阿含諸經中已隱覆密意而略說之，證實 世尊確於原始佛法中已曾密意而說第八識如來藏之總相；亦證實 世尊在四阿含中已說此藏識是名色十八界之因、之本—證明如來藏是能生萬法之根本心。佛子可據此修正以往受諸大師（譬如西藏密宗應成派中觀師：印順、昭慧、性廣、大願、達賴、宗喀巴、寂天、月稱、……等人）誤導之邪見，建立正見，轉入正道乃至親證初果而無困難；書中並詳說三果所證的心解脫，以及四果慧解脫的親證，都是如實可行的具體知見與行門。全書共七輯，已出版完畢。平實導師著，每輯三百餘頁，售價300元。

超意境CD：以平實導師公案拈提書中超越意境之頌詞，加上曲風優美的旋律，錄成令人嚮往的超意境歌曲，其中包括正覺發願文及平實導師親自譜成的黃梅調歌曲一首。詞曲雋永，殊堪翫味，可供學禪者吟詠，有助於見道。內附設計精美的彩色小冊，解說每一首詞的背景本事。每片280元。【每購買公案拈提書籍一冊，即贈送一片。】

我的菩提路第一輯：凡夫及二乘聖人不能實證的佛菩提證悟，末法時代的今天仍然有人能得實證，由正覺同修會釋悟圓、釋善藏法師等二十餘位實證如來藏者所寫的見道報告，已爲當代學人見證宗門正法之絲縷不絕，證明大乘義學的法脈仍然存在，爲末法時代求悟般若之學人照耀出光明的坦途。由二十餘位大乘見道者所繕，敘述各種不同的學法、見道因緣與過程，參禪求悟者必讀。全書三百餘頁，售價300元。

我的菩提路第二輯：由郭正益老師等人合著，書中詳述彼等諸人歷經各處道場學法，一一修學而加以檢擇之不同過程以後，因閱讀正覺同修會、正智出版社書籍而發起抉擇分，轉入正覺同修會中修學；乃至學法及見道之過程，都一一詳述之。**本書已改版印製重新流通**，讀者原購的初版書，不論是第一刷或第二、三、四刷，都可以寄回換新，免附郵費。

我的菩提路第三輯：由王美伶老師等人合著。自從正覺同修會成立以來，每年夏初、冬初都舉辦精進禪三共修，藉以助益會中同修們得以證悟明心發起般若實相智慧；凡已實證而被平實導師印證者，皆書具見道報告用以證明佛法之眞實可證而非玄學，證明佛法並非純屬思想、理論而無實質，是故每年都能有人證明正覺同修會的「實證佛教」主張並非虛語。特別是眼見佛性一法，自古以來中國禪宗祖師實證者極寡，較之明心開悟的證境更難令人信受；至2017年初，正覺同修會中的證悟明心者已近五百人，然而其中眼見佛性者至今唯十餘人爾，可謂難能可貴，是故明心後欲冀眼見佛性者實屬不易。黃正倖老師是懸絕七年無人見性後的第一人，她於2009年的見性報告刊於本書的第二輯中，爲大眾證明佛性確實可以眼見；其後七年之中求見性者都屬解悟佛性而無人眼見，幸而又經七年後的2016冬初，以及2017夏初的禪三，復有三人眼見佛性，希冀鼓舞四眾佛子求見佛性之大心，今則具載一則於書末，顯示求見佛性之事實經歷，供養現代佛教界欲得見性之四眾弟子。全書四百頁，售價300元，已於2017年6月30日發行。

我的菩提路第四輯：由陳晏平等人著。中國禪宗祖師往往有所謂「見性」之言，所言多屬看見如來藏具有能令人發起成佛之自性，並非《大般涅槃經》中 如來所說之眼見佛性。眼見佛性者，於親見佛性之時，即能於山河大地眼見自己佛性，亦能於他人身上眼見自己佛性及對方之佛性，如是境界無法為尚未實證者解釋；勉強說之，縱使眞實明心證悟之人聞之，亦只能以自身明心之境界想像之，但不論如何想像多屬非量，能有正確之比量者亦是稀有，故說眼見佛性極為困難。眼見佛性之人若所見極分明時，在所見佛性之境界下所眼見之山河大地、自己五蘊身心皆是虛幻，自有異於明心者之解脫功德受用，此後永不思證二乘涅槃，必定邁向成佛之道而進入第十住位中，已超第一阿僧祇劫三分有一，可謂之為超劫精進也。今又有明心之後眼見佛性之人出於人間，將其明心及後來見性之報告，連同其餘證悟明心者之精彩報告一同收錄於此書中，供養眞求佛法實證之四眾佛子。全書380頁，售價300元，已於2018年6月30日發行。

我的菩提路第五輯：林慈慧老師等人著，本輯中所舉學人從相似正法中來到正覺同修會的過程，各人都有不同，發生的因緣亦是各有差別，然而都會指向同一個目標——證實生命實相的源底，確證自己生從何來、死往何去的事實，所以最後都證明佛法眞實而可親證，絕非玄學；本書將彼等諸人的始修及末後證悟之實例，羅列出來以供學人參考。本期亦有一位會裡的老師，是從1995年即開始追隨 平實導師修學，1997年明心後持續進修不斷，直到2017年眼見佛性之實例，足可證明《大般涅槃經》中世尊開示眼見佛性之法正眞無訛，第十住位的實證在末法時代的今天仍有可能，如今一併具載於書中以供學人參考，並供養現代佛教界欲得見性之四眾弟子。全書四百頁，售價300元，已於2019年12月31日發行。

我的菩提路第六輯：劉惠莉老師等人著，本輯中舉示劉老師明心多年以後的眼見佛性實錄，供末法時代學人了知明心之異於見性本質，足可證明《大般涅槃經》中世尊開示眼見佛性之法正眞無訛。亦列舉多篇學人從各道場來到正覺學法之不同過程，以及如何發覺邪見之異於正法的所在，最後終能在正覺禪三中悟入的實況，以證明佛教正法仍在末法時代的人間繼續弘揚的事實，鼓舞一切眞實學法的菩薩大眾思之：我等諸人亦可有因緣證悟，絕非空想白思。約四百頁，售價300元，已於2020年6月30日發行。

我的菩提路第七輯：余正偉老師等人著，本輯中舉示余老師明心二十餘年以後的眼見佛性實錄，供末法時代學人了知明心異於見性之本質，並且舉示其見性後與平實導師互相討論眼見佛性之諸多疑訛處；除了證明《大般涅槃經》中世尊開示眼見佛性之法正眞無訛以外，亦得一解明心後尚未見性者之所未知處，甚爲精彩。此外亦列舉多篇學人從各不同宗教進入正覺學法之不同過程，以及發覺諸方道場邪見之內容與過程，最終得於正覺精進禪三中悟入的實況，足供末法精進學人借鑑，以彼鑑己而生信心，得以投入了義正法中修學及實證。凡此，皆足以證明不唯明心所證之第七住位般若智慧及解脫功德仍可實證，乃至第十住位的實證與當場發起如幻觀之實證，於末法時代的今天皆仍有可

能。本書約四百頁，售價300元。

鈍鳥與靈龜：鈍鳥及靈龜二物，被宗門證悟者說爲二種人：前者是精修禪定而無智慧者，也是以定爲禪的愚癡禪人；後者是或有禪定、或無禪定的宗門證悟者，凡已證悟者皆是靈龜。但後者被人虛造事實，用以嘲笑大慧宗杲禪師，說他雖是靈龜，卻不免被天童禪師預記「患背」痛苦而亡：「鈍鳥離巢易，靈龜脫殼難。」藉以貶低大慧宗杲的證量。同時將天童禪師實證如來藏的證量，曲解爲意識境界的離念靈知。自從大慧禪師入滅以後，錯悟凡夫對他的不實毀謗就一直存在著，不曾止息，並且捏造的假事實也隨著年月的增加而越來越多，終至編成「鈍鳥與靈龜」的假公案、假故事。本書是考證大慧與天童之間的不朽情誼，顯現這件假公案的虛妄不實；更見大慧宗杲面對惡勢力時的正直不阿，亦顯示大慧對天童禪師的至情深義，將使後人對大慧宗杲的誣謗至此而止，不再有人誤犯毀謗賢聖的惡業。書中亦舉證宗門的所悟確以第八識如來藏爲標的，詳讀之後必可改正以前被錯悟大師誤導的參禪知見，日後必定有助於實證禪宗的開悟境界，得階大乘眞見道位中，即是實證般若之賢聖。全書459頁，售價350元。

維摩詰經講記：本經係　世尊在世時，由等覺菩薩維摩詰居士藉疾病而演說之大乘菩提無上妙義，所說函蓋甚廣，然極簡略，是故今時諸方大師與學人讀之悉皆錯解，何況能知其中隱含之深妙正義，是故普遍無法爲人解說；若強爲人說，則成依文解義而有諸多過失。今由平實導師公開宣講之後，詳實解釋其中密意，令維摩詰菩薩所說大乘不可思議解脫之深妙正法得以正確宣流於人間，利益當代學人及與諸方大師。書中詳實演述大乘佛法深妙不共二乘之智慧境界，顯示諸法之中絕待之實相境界，建立大乘菩薩妙道於永遠不敗不壞之地，以此成就護法偉功，欲冀永利娑婆人天。已經宣講圓滿整理成書流通，以利諸方大師及諸學人。全書共六輯，每輯三百餘頁，售價各250元。

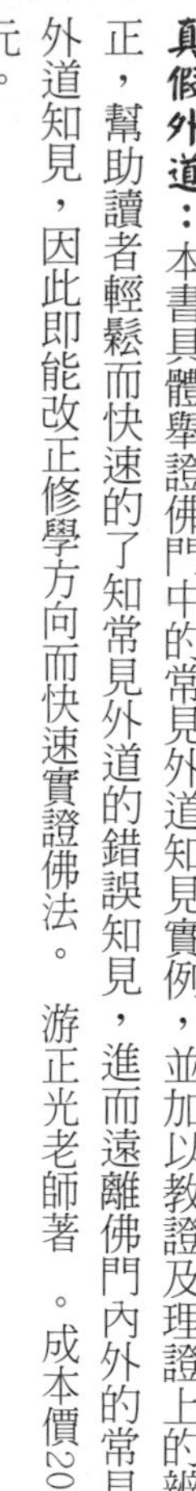

真假外道：本書具體舉證佛門中的常見外道知見實例，並加以教證及理證上的辨正，幫助讀者輕鬆而快速的了知常見外道的錯誤知見，進而遠離佛門內外的常見外道知見，因此即能改正修學方向而快速實證佛法。游正光老師著 。成本價200元。

勝鬘經講記：如來藏爲三乘菩提之所依，若離如來藏心體及其含藏之一切種子，即無三界有情及一切世間法，亦無二乘菩提緣起性空之出世間法；本經詳說無始無明、一念無明皆依如來藏而有之正理，藉著詳解煩惱障與所知障間之關係，令學人深入了知二乘菩提與佛菩提相異之妙理；聞後即可了知佛菩提之特勝處及三乘修道之方向與原理，邁向攝受正法而速成佛道的境界中。平實導師講述，共六輯，每輯三百餘頁，售價各250元。

楞嚴經講記：楞嚴經係大乘祕密教之重要經典，亦是佛教中普受重視之經典；經中宣說明心與見性之內涵極爲詳細，將一切法都會歸如來藏及佛性一妙眞如性；亦闡釋五陰區宇及五陰盡的境界，作諸地菩薩自我檢驗證量之依據，旁及佛菩提道修學過程中之種種魔境，以及外道誤會涅槃之狀況，亦兼述明三界世間之起源，具足宣示大乘菩提之奧祕。然因言句深澀難解，法義亦復深妙寬廣，學人讀之普難通達，是故讀者大多誤會，不能如實理解佛所說之明心與見性內涵，亦因是故多有悟錯之人引爲開悟之證言，成就大妄語罪。今由平實導師詳細講解之後，整理成文，以易讀易懂之語體文刊行天下，以利學人。全書十五輯，全部出版完畢。每輯三百餘頁，售價每輯300元。

明心與眼見佛性：本書細述明心與眼見佛性之異同，同時顯示了中國禪宗破初參明心與重關眼見佛性二關之間的關聯；書中又藉法義辨正而旁述其他許多勝妙法義，讀後必能遠離佛門長久以來積非成是的錯誤知見，令讀者在佛法的實證上有極大助益。也藉慧廣法師的謬論來教導佛門學人回歸正知正見，遠離古今禪門錯悟者所墮的意識境界，非唯有助於斷我見，也對未來的開悟明心實證第八識如來藏有所助益，是故學禪者都應細讀之。　游正光老師著　　共448頁　售價300元。

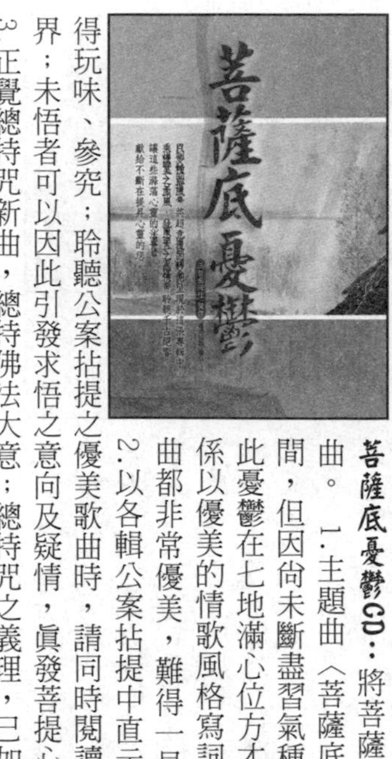

菩薩底憂鬱CD：將菩薩情懷及禪宗公案寫成新詞，並製作成超越意境的優美歌曲。　1.主題曲〈菩薩底憂鬱〉，描述地後菩薩能離三界生死而迴向繼續生在人間，但因尚未斷盡習氣種子而有極深沈之憂鬱，非三賢位菩薩及二乘聖者所知，此憂鬱在七地滿心位方才斷盡；本曲之詞中所說義理極深，昔來所未曾見；此曲係以優美的情歌風格寫詞及作曲，聞者得以激發嚮往諸地菩薩境界之大心，詞、曲都非常優美，難得一見；其中勝妙義理之解說，已印在附贈之彩色小冊中。2.以各輯公案拈提中直示禪門入處之頌文，作成各種不同曲風之超意境歌曲，值得玩味、參究；聆聽公案拈提之優美歌曲時，請同時閱讀內附之印刷精美說明小冊，可以領會超越三界的證悟境界；未悟者可以因此引發求悟之意向及疑情，眞發菩提心而邁向求悟之途，乃至因此眞實悟入般若，成眞菩薩。3.正覺總持咒新曲，總持佛法大意；總持咒之義理，已加以解說並印在隨附之小冊中。本CD共有十首歌曲，長達63分鐘，附贈二張購書優惠券。每片320元。

金剛經宗通：三界唯心，萬法唯識，是成佛之修證內容，是諸地菩薩之所修；般若則是成佛之道（實證三界唯心、萬法唯識）的入門，若未證悟實相般若，即無成佛之可能，必將永在外門廣行菩薩六度，永在凡夫位中。然而實相般若的發起，全賴實證萬法的實相；若欲證知萬法的眞相，則必須探究萬法之所從來，則須實證自心如來－金剛心如來藏，然後現觀這個金剛心的金剛性、眞實性、如如性、清淨性、涅槃性、能生萬法的自性性、本住性，名爲證眞如；進而現觀三界六道唯是此金剛心所成，人間萬法須藉八識心王和合運作方能現起。如是實證《華嚴經》的「三界唯心、萬法唯識」以後，由此等現觀而發起實相般若智慧，繼續進修第十住位的如幻觀、第十行位的陽焰觀、第十迴向位的如夢觀，再生起增上意樂而勇發十無盡願，方能滿足三賢位的實證，轉入初地；自知成佛之道而無偏倚，從此按部就班、次第進修乃至成佛。第八識自心如來是般若智慧之所依，般若智慧的修證則要從實證金剛心自心如來開始；《金剛經》則是解說自心如來之經典，是一切三賢位菩薩所應進修之實相般若經典。這一套書，是將平實導師宣講的《金剛經》內容，整理成文字而流通之；書中所說義理，迥異古今諸家依文解義之說，指出大乘見道方向與理路，有益於禪宗學人求開悟見道，及轉入內門廣修六度萬行。已於2013年9月出版完畢，總共9輯，每輯約三百餘頁，售價各250元。

禪意無限CD：平實導師以公案拈提書中偈頌寫成不同風格曲子，與他人所寫不同風格曲子共同錄製出版，幫助參禪人進入禪門超越意識之境界。盒中附贈彩色印製的精美解說小冊，以供聆聽時閱讀，令參禪人得以發起參禪之疑情，即有機會證悟本來面目，實證大乘菩提般若。本CD共有十首歌曲，長達69分鐘，每盒各附贈二張購書優惠券。每片320元。

空行母—性別、身分定位，以及藏傳佛教：本書作者爲蘇格蘭哲學家，因爲嚮往佛教深妙的哲學內涵，於是進入當年盛行於歐美的假藏傳佛教密宗，擔任卡盧仁波切的翻譯工作多年以後，被邀請成爲卡盧的空行母（又名佛母、明妃），開始了她在密宗裡的實修過程；後來發覺在密宗雙身法中的修行，其實無法使自己成佛，也發覺密宗對女性岐視而處處貶抑，並剝奪女性在雙身法中擔任一半角色時應有的身分定位。當她發覺自己只是雙身法中被喇嘛利用的工具，沒有獲得絲毫應有的尊重與基本定位時，發現了密宗的父權社會控制女性的本質；於是作者傷心地離開了卡盧仁波切與密宗，但是卻被恐嚇不許講出她在密宗裡的經歷，也不許她說出自己對密宗的教義與教制下對女性剝削的本質，否則將被咒殺死亡。後來她去加拿大定居，十餘年後方才擺脫這個恐嚇陰影，下定決心將親身經歷的實情及觀察到的事實寫下來並且出版，公諸於世。出版之後，她被流亡的達賴集團人士大力攻訐，誣指她爲精神狀態失常、說謊……等。但有智之士並未被達賴集團的政治操作及各國政府政治運作吹捧達賴的表相所欺，使她的書銷售無阻而又再版。正智出版社鑑於作者此書是親身經歷的事實，所說具有針對「藏傳佛教」而作學術研究的價值，也有使人認清假藏傳佛教剝削佛母、明妃的男性本位實質，因此洽請作者同意中譯而出版於華人地區。珍妮·坎貝爾女士著，呂艾倫 中譯，每冊250元。

霧峰無霧—給哥哥的信　本書作者藉兄弟之間信件往來論義，略述佛法大義；並以多篇短文辨義，舉出釋印順對佛法的無量誤解證據，並一一給予簡單而清晰的辨正，令人一讀即知。久讀、多讀之後即能認清楚釋印順的六識論見解，與眞實佛法之牴觸是多麼嚴重；於是在久讀、多讀之後，於不知不覺之間提升了對佛法的極深入理解，正知正見就在不知不覺間建立起來了。當三乘佛法的正知見建立起來之後，對於三乘菩提的見道條件便將隨之具足，於是聲聞解脫道的見道也就水到渠成；接著大乘見道的因緣也將次第成熟，未來自然也會有親見大乘菩提之道的因緣，悟入大乘實相般若也將自然成功，自能通達般若系列諸經而成實義菩薩。作者居住於南投縣霧峰鄉，自喻見道之後不復再見霧峰之霧，故鄉原野美景一一明見，於是立此書名爲《霧峰無霧》；讀者若欲撥霧見月，可以此書爲緣。游宗明　老師著　已於2015年出版售價250元。

霧峰無霧—第二輯—救護佛子向正道　本書作者藉釋印順著作中之各種錯謬法義提出辨正，以詳實的文義一一提出理論上及實證上之解析，列舉釋印順對佛法的無量誤解證據，藉此教導佛門大師與學人釐清佛法義理，遠離岐途轉入正道，然後知所進修，久之便能見道明心而入大乘勝義僧數。被釋印順誤導的大師與學人極多，很難救轉，是故作者大發悲心深入解說其錯謬之所在，佐以各種義理辨正而令讀者在不知不覺之間轉歸正道。如是久讀之後欲得斷身見、證初果，即不為難事；乃至久之亦得大乘見道而得證眞如，脫離空有二邊而住中道，實相般若智慧生起，於佛法不再茫然，漸漸亦知悟後進修之道。屆此之時，對於大乘般若等深妙法之迷雲暗霧亦將一掃而空，生命及宇宙萬物之故鄉原野美景一一明見，是故本書仍名《霧峰無霧》，為第二輯；讀者若欲撥雲見日、離霧見月，可以此書為緣。游宗明　老師著　已於2019年出版　售價250元。

假藏傳佛教的神話—性、謊言、喇嘛教：本書編著者是由一首名為「阿姊鼓」的歌曲為緣起，展開了序幕，揭開假藏傳佛教—喇嘛教—的神秘面紗。其重點是蒐集、摘錄網路上質疑「喇嘛教」的帖子，以揭穿「假藏傳佛教的神話」為主題，串聯成書，並附加彩色插圖以及說明，讓讀者們瞭解西藏密宗及相關人事如何被操作為「神話」的過程，以及神話背後的眞相。作者：張正玄教授。售價200元。

達賴真面目—玩盡天下女人：假使您不想戴綠帽子，請記得詳細閱讀此書；假使您不想讓好朋友戴綠帽子，請您將此書介紹給您的好朋友。假使您想保護家中的女性，也想要保護好朋友的女眷，請記得將此書送給家中的女性和好友的女眷都來閱讀。本書為印刷精美的大本彩色中英對照精裝本，為您揭開達賴喇嘛的眞面目，內容精彩不容錯過，為利益社會大衆，特別以優惠價格嘉惠所有讀者。編著者：白志偉等。大開版雪銅紙彩色精裝本。售價800元。

童女迦葉考—論呂凱文〈佛教輪迴思想的論述分析〉之謬：童女迦葉是佛世率領五百大比丘遊行於人間的歷史事實，是以童貞行而依止菩薩戒弘化於人間的大菩薩，不依別解脫戒（聲聞戒）來弘化於人間。這是大乘佛教與聲聞佛教同時存在於佛世的歷史明證，證明大乘佛教不是從聲聞法中分裂出來的部派佛教的產物，卻是聲聞佛教分裂出來的部派佛教聲聞凡夫僧所不樂見的史實；於是古今聲聞法中的凡夫都欲加以扭曲而作詭說，更是末法時代高聲大呼「大乘非佛說」的六識論聲聞凡夫極力想要扭曲的佛教史實之一，於是想方設法扭曲迦葉菩薩爲聲聞僧，以及扭曲迦葉童女爲比丘僧等荒謬不實之論著便陸續出現，古時聲聞僧寫作的《分別功德論》是最具體之事例，現代之代表作則是呂凱文先生的〈佛教輪迴思想的論述分析〉論文。鑑於如是假藉學術考證以籠罩大衆之不實謬論，未來仍將繼續造作及流竄於佛教界，繼續扼殺大乘佛教學人法身慧命，必須舉證辨正之，遂成此書。平實導師　著，每冊180元。

末代達賴—性交教主的悲歌：簡介從藏傳僞佛教（喇嘛教）的修行核心—性力派男女雙修，探討達賴喇嘛及藏傳僞佛教的修行內涵。書中引用外國知名學者著作、世界各地新聞報導，包含：歷代達賴喇嘛的祕史、達賴六世修雙身法的事蹟，以及《時輪續》中的性交灌頂儀式……等；達賴喇嘛書中開示的雙修法、達賴喇嘛的黑暗政治手段；達賴喇嘛所領導的寺院爆發喇嘛性侵兒童；新聞報導《西藏生死書》作者索甲仁波切性侵女信徒、澳洲喇嘛秋達公開道歉、美國最大假藏傳佛教組織領導人邱陽創巴仁波切的性氾濫，等等事件背後眞相的揭露。作者：張善思、呂艾倫、辛燕。售價250元。

黯淡的達賴—失去光彩的諾貝爾和平獎：本書舉出很多證據與論述，詳述達賴喇嘛不爲世人所知的一面，顯示達賴喇嘛並不是眞正的和平使者，而是假借諾貝爾和平獎的光環來欺騙世人；透過本書的說明與舉證，讀者可以更清楚的瞭解，達賴喇嘛是結合暴力、黑暗、淫欲於喇嘛教裡的集團首領，其政治行爲與宗教主張，早已讓諾貝爾和平獎的光環染污了。　本書由財團法人正覺教育基金會寫作、編輯，由正覺出版社印行，每冊250元。

第七意識與第八意識？—穿越時空「超意識」：「三界唯心，萬法唯識」是佛教中應該實證的聖教，也是《華嚴經》中明載而可以實證的法界實相。唯心者，三界一切境界、一切諸法唯是一心所成就，即是每一個有情的第八識如來藏，不是意識心。唯識者，即是人類各各都具足的八識心王——眼識、耳鼻舌身意識、意根、阿賴耶識，第八阿賴耶識又名如來藏，人類五陰相應的萬法，莫不由八識心王共同運作而成就，故說萬法唯識。依聖教量及現量、比量，都可以證明意識是二法因緣生，是由第八識藉意根與法塵二法為因緣而出生，又是夜夜斷滅不存之生滅心，即無可能反過來出生第七識意根、第八識如來藏，當知不可能從生滅性的意識心中，細分出恆審思量的第七識意根，更無可能細分出恆而不審的第八識如來藏。本書是將演講內容整理成文字，細說如是內容，並已在《正覺電子報》連載完畢，今彙集成書以廣流通，欲幫助佛門有緣人斷除意識我見，跳脫於識陰之外而取證聲聞初果；嗣後修學禪宗時即得不墮外道神我之中，得以求證第八識金剛心而發起般若實智。平實導師 述，每冊300元。

中觀金鑑—詳述應成派中觀的起源與其破法本質：學佛人往往迷於中觀學派之不同學說，被應成派與自續派所迷惑；修學般若中觀二十年後自以為實證般若中觀了，卻仍不曾入門，甫聞實證般若中觀者之所說，則茫無所知，迷惑不解；隨後信心盡失，不知如何實證佛法；凡此，皆因惑於這二派中觀學說所致。自續派中觀所說同於常見，以意識境界立為第八識如來藏之境界，應成派所說則同於斷見，但又同立意識為常住法，故亦具足斷常二見。今者孫正德老師有鑑於此，乃將起源於密宗的應成派中觀學說，追本溯源，詳考其來源之外，亦一一舉證其立論內容，詳加辨正，令密宗雙身法祖師以識陰境界而造之應成派中觀學說本質，詳細呈現於學人眼前，令其維護雙身法之目的無所遁形。若欲遠離密宗此二大派中觀謬說，欲於三乘菩提有所進道者，允宜具足閱讀並細加思惟，反覆讀之以後將可捨棄邪道返歸正道，則於般若之實證即有可能，證後自能現觀如來藏之中道境界而成就中觀。本書分上、中、下三冊，每冊250元，全部出版完畢。

人間佛教—實證者必定不悖三乘菩提：「大乘非佛說」的講法似乎流傳已久，卻只是日本人企圖擺脫中國正統佛教的影響，而在明治維新時期才開始提出來的說法；台灣佛教、大陸佛教的淺學無智之人，由於未曾實證佛法而迷信日本人錯誤的學術考證，錯認為這些別有用心的日本佛學考證的講法為天竺佛教的眞實歷史；甚至還有更激進的反對佛教者提出「釋迦牟尼佛並非眞實存在，只是後人捏造的假歷史人物」，竟然也有少數佛教徒願意跟著「學術」的假光環而信受不疑，亦導致部分台灣佛教界人士，造作了反對中國大乘佛教而推崇南洋小乘佛教的行為，使台灣佛教的信仰者難以檢擇，亦導致一般大陸人士開始轉入基督教的盲目迷信中。在這些佛教及外教人士之中，也就有一分人根據此邪說而大聲主張「大乘非佛說」的謬論，這些人以「人間佛教」的名義來抵制中國正統佛教，公然宣稱中國的大乘佛教是由聲聞部派佛教的凡夫僧所創造出來的。這樣的說法流傳於台灣及大陸佛教界凡夫僧之中已久，卻非眞正的佛教歷史中曾經發生過的事，只是繼承六識論的聲聞法中凡夫僧，以及別有居心的日本佛教界，依自己的意識境界立場，純憑臆想而編造出來的妄想說法，卻已經影響許多無智之凡夫僧俗信受不移。本書則是從佛教的經藏法義實質及實證的現量內涵本質立論，證明大乘佛法本是佛說，是從《阿含正義》尚未說過的不同面向來討論「人間佛教」的議題，證明「大乘眞佛說」。閱讀本書可以斷除六識論邪見，迴入三乘菩提正道發起實證的因緣；也能斷除禪宗學人學禪時普遍存在之錯誤知見，對於建立參禪時的正知見有很深的著墨。平實導師 述，內文488頁，全書528頁，定價400元。

喇嘛性世界—揭開假藏傳佛教譚崔瑜伽的面紗：這個世界中的喇嘛，號稱來自世外桃源的香格里拉，穿著或紅或黃的喇嘛長袍，散布於我們的身邊傳教灌頂，吸引了無數的人嚮往學習；這些喇嘛虔誠地為大眾祈福，手中拿著寶杵（金剛）與寶鈴（蓮花），口中唸著咒語：「唵．嘛呢．叭咪．吽……」，咒語的意思是說：「我至誠歸命金剛杵上的寶珠伸向蓮花寶穴之中」！「喇嘛性世界」是什麼樣的「世界」呢？本書將為您呈現喇嘛世界的面貌。當您發現眞相以後，您將會唸：「噢！喇嘛．性．世界，譚崔性交嘛！」作者：張善思、呂艾倫。售價200元。

見性與看話頭：黃正倖老師的《見性與看話頭》於《正覺電子報》連載完畢，今結集出版。書中詳說禪宗看話頭的詳細方法，並細說看話頭與眼見佛性的關係，以及眼見佛性者求見佛性前必須具備的條件。本書是禪宗實修者追求明心開悟時參禪的方法書，也是求見佛性者作功夫時必讀的方法書，內容兼顧眼見佛性的理論與實修之方法，是依實修之體驗配合理論而詳述，條理分明而且極爲詳實、周全、深入。本書內文375頁，全書416頁，售價300元。

實相經宗通：學佛之目的在於實證一切法界背後之實相，禪宗稱之爲本來面目或本地風光，佛菩提道中稱之爲實相法界；此實相法界即是金剛藏，又名佛法之祕密藏，即是能生有情五陰、十八界及宇宙萬有（山河大地、諸天、三惡道世間）的第八識如來藏，又名阿賴耶識心，即是禪宗祖師所說的眞如心，此心即是三界萬有背後的實相。證得此第八識心時，自能瞭解般若諸經中隱說的種種密意，即得發起實相般若——實相智慧。每見學佛人修學佛法二十年後仍對實相般若茫然無知，亦不知如何入門，茫無所趣；更因不知三乘菩提的互異互同，是故越是久學者對佛法越覺茫然，都肇因於尙未瞭解佛法的全貌，亦未瞭解佛法的修證內容即是第八識心所致。本書對於修學佛法者所應實證的實相境界提出明確解析，並提示趣入佛菩提道的入手處，有心親證實相般若的佛法實修者，宜詳讀之，於佛菩提道之實證即有下手處。平實導師述著，共八輯，已於2013年出版完畢，每輯成本價250元。

真心告訴您（一）——**達賴喇嘛在幹什麼？**這是一本報導篇章的選集，更是「破邪顯正」的暮鼓晨鐘。「破邪」是戳破假象，說明達賴喇嘛及其所率領的密宗四大派法王、喇嘛們，弘傳的佛法是仿冒的佛法；他們是假藏傳佛教，是坦特羅（譚崔性交）外道法和藏地崇奉鬼神的苯教混合成的「喇嘛教」，推廣的是以所謂「無上瑜伽」的男女雙身法冒充佛法的假佛教，詐財騙色誤導眾生，常常造成信徒家庭破碎、家中兒少失怙的嚴重後果。「顯正」是揭櫫眞相，指出眞正的藏傳佛教只有一個，就是覺囊巴，傳的是　釋迦牟尼佛演繹的第八識如來藏妙法，稱爲他空見大中觀。正覺教育基金會即以此古今輝映的如來藏正法正知見，在眞心新聞網中逐次報導出來，將箇中原委「眞心告訴您」，如今結集成書，與想要知道密宗眞相的您分享。售價250元。

法華經講義：此書爲平實導師始從2009/7/21演述至2014/1/14之講經錄音整理所成。世尊一代時教，總分五時三教，即是華嚴時、聲聞緣覺教、般若教、種智唯識教、法華時；依此五時三教區分爲藏、通、別、圓四教。本經是最後一時的圓教經典，圓滿收攝一切法教於本經中，是故最後的圓教聖訓中，特地指出無有三乘菩提，其實唯有一佛乘；皆因眾生愚迷故，方便區分爲三乘菩提以助眾生證道。世尊於此經中特地說明如來示現於人間的唯一大事因緣，便是爲有緣眾生「開、示、悟、入」諸佛的所知所見——第八識如來藏妙眞如心，並於諸品中隱說「妙法蓮花」如來藏心的密意。然因此經所說甚深難解，眞義隱晦，古來難得有人能窺堂奧；平實導師以知如是密意故，特爲末法佛門四眾演述《妙法蓮華經》中各品蘊含之密意，使古來未曾被古德註解出來的「此經」密意，如實顯示於當代學人眼前。乃至〈藥王菩薩本事品〉、〈妙音菩薩品〉、〈觀世音菩薩普門品〉、〈普賢菩薩勸發品〉中的微細密意，亦皆一併詳述之，可謂開前人所未曾言之密意，示前人所未見之妙法。最後乃至以〈法華大義〉而總其成，全經妙旨貫通始終，而依佛旨圓攝於一心如來藏妙心，厥爲曠古未有之大說也。平實導師述，共有25輯，已於2019/05/31出版完畢。每輯300元。

西藏「活佛轉世」制度—附佛、造神、世俗法：歷來關於喇嘛教活佛轉世的研究，多針對歷史及文化兩部分，於其所以成立的理論基礎，較少系統化的探討。尤其是此制度是否依據「佛法」而施設？是否合乎佛法眞實義？現有的文獻大多含糊其詞，或人云亦云，不曾有明確的闡釋與如實的見解。因此本文先從活佛轉世的由來，探索此制度的起源、背景與功能，並進而從活佛的尋訪與認證之過程，發掘活佛轉世的特徵，以確認「活佛轉世」在佛法中應具足何種果德。定價150元。

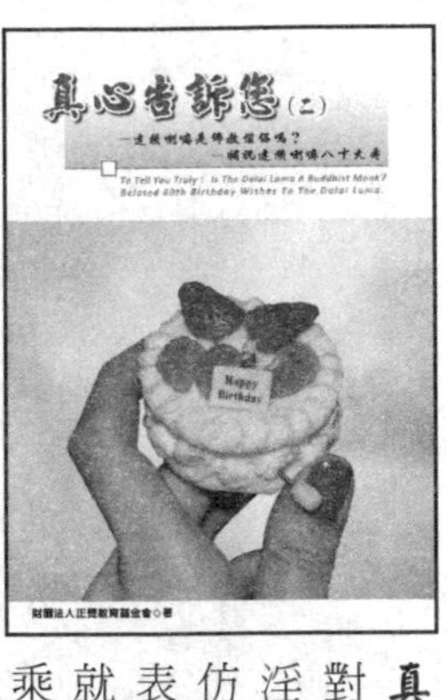

真心告訴您(二)—達賴喇嘛是佛教僧侶嗎？補祝達賴喇嘛八十大壽：這是一本針對當今達賴喇嘛所領導的喇嘛教，冒用佛教名相、於師徒間或師兄姊間，實修男女邪淫，而從佛法三乘菩提的現量與聖教量，揭發其謊言與邪術，證明達賴及其喇嘛教是仿冒佛教的外道，是「假藏傳佛教」。藏密四大派教義雖有「八識論」與「六識論」的表面差異，然其實修之內容，皆共許「無上瑜伽」四部灌頂為究竟「成佛」之法門，也就是共以男女雙修之邪淫法為「即身成佛」之密要，雖美其名曰「欲貪為道」之「金剛乘」，並誇稱其成就超越於（應身佛）釋迦牟尼佛所傳之顯教般若乘之上；然詳考其理論，則或以意識離念時之粗細心為第八識如來藏，或以中脈裡的明點為第八識如來藏，或如宗喀巴與達賴堅決主張第六意識為常恆不變之真心者，分別墮於外道之常見與斷見中：全然違背 佛說能生五蘊之如來藏的實質。售價300元。

涅槃—解說四種涅槃之實證及內涵：真正學佛之人，首要即是見道，由見道故方有涅槃之實證，證涅槃者方能出生死，但涅槃有四種：二乘聖者的有餘涅槃、無餘涅槃，以及大乘聖者的本來自性清淨涅槃、佛地的無住處涅槃。大乘聖者實證本來自性清淨涅槃，入地前再取證二乘涅槃，然後起惑潤生捨離二乘涅槃，繼續進修而在七地心前斷盡三界愛之習氣種子，依七地無生法忍之具足而證得念念入滅盡定；八地後進斷異熟生死，直至妙覺地下生人間成佛，具足四種涅槃，方是真正成佛。此理古來少人言，以致誤會涅槃正理者比比皆是，今於此書中廣說四種涅槃、如何實證之理、實證前應有之條件，實屬本世紀佛教界極重要之著作，令人對涅槃有正確無訛之認識，然後可以依之實行而得實證。本書共有上下二冊，每冊各四百餘頁，對涅槃詳加解說，每冊各350元。

佛藏經講義：本經說明為何佛菩提難以實證之原因，都因往昔無數阿僧祇劫前的邪見，引生此世求證時之業障而難以實證。即以諸法實相詳細解說，繼之以念佛品、念法品、念僧品，說明諸佛與法之實質；然後以淨戒品之說明，期待佛弟子四眾堅持清淨戒而轉化心性，並以往古品的實例說明歷代學佛人在實證上的業障由來，教導四眾務必滅除邪見轉入正見中，不再造作謗法及謗賢聖之大惡業，以免未來世尋求實證之時被業障所障；然後以了戒品的說明和囑累品的付囑，期望末法時代的佛門四眾弟子皆能清淨知見而得以實證。平實導師於此經中有極深入的解說，總共21輯，已於2022/11/30出版完畢，每輯三百餘頁，售價300元。

大法鼓經講義：本經解說佛法的總成：法、非法。由開解法、非法二義，說明了義佛法與世間戲論法的差異，指出佛法實證之標的即是法——第八識如來藏；並顯示實證後的智慧，如實擊大法鼓、演深妙法，演說如來祕密教法，非二乘定性及諸凡夫所能得聞，唯有具足菩薩性者方能得聞。正聞之後即得依於 世尊大願而拔除邪見，入於正法而得實證；深解不了義經之方便說，亦能實解了義經所說之眞實義，得以證法——如來藏，而得發起根本無分別智，乃至進修而發起後得無分別智；並堅持布施及受持清淨戒而轉化心性，得以現觀眞我眞法如來藏之各種層面。此爲第一義諦聖教，並授記末法最後餘八十年時，一切世間樂見離車童子以七地證量而示現爲凡夫身，將繼續護持此經所說正法。平實導師於此經中有極深入的解說，總共六輯，每輯300元，於2023/01/30 開始每二個月發行一輯。

成唯識論釋：本論係大唐玄奘菩薩揉合當時天竺十大論師的說法加以辨正而著成，攝盡佛門證悟菩薩及部派佛教聲聞凡夫論師對佛法的論述，並函蓋當時天竺諸大外道對生命實相的錯誤論述加以辨正，是由玄奘大師依據無生法忍證量加以評論確定而成爲此論。平實導師弘法初期即已依於證量略講過一次，歷時大約四年，當時正覺同修會規模尚小，聞法成員亦多尚未證悟，是故並未整理成書；如今正覺同修會中的證悟同修已超過六百人，鑑於此論在護持正法、實證佛法及悟後進修上的重要性，已於2022年初重講，並已經預先註釋完畢編輯成書，名爲《成唯識論釋》，總共十輯，每輯目次41頁、序文7頁、每輯內文至四百餘頁，並將原本13級字縮小爲12級字編排，以增加其內容；於增上班宣講時的內容將會更詳細於書中所說，涉及佛法密意的詳細內容只於增上班中宣講，於書中皆依佛誡隱覆密意而說，然已足夠所有學人藉此一窺佛法堂奧而進入正道、免入岐途。重新判教的〈目次〉已經詳盡判定論中諸段句義，用供學人參考；是故讀者閱完此論之釋，即可深解成佛之道的正確內涵。總共十輯，預定每一輯內容講述完畢時即予出版，第一輯將於2023年五月出版，然後每七至九個月出版一輯，每輯定價400元。

不退轉法輪經講義：世尊弘法有五時三教之別，分為藏、通、別、圓四教之理，本經是大乘般若期前的通教經典，所說之大乘般若正理與所證解脫果，通於二乘解脫道，佛法智慧則通大乘般若，皆屬大乘般若與解脫甚深之理，故其所證解脫果位通於二乘法教；而其中所說第八識無分別法之正理，即是世尊降生人間的唯一大事因緣。如是第八識能仁而且寂靜，恆順眾生於生死之中從無乖違，識體中所藏之本來無漏性的有為法以及眞如涅槃境界，皆能助益學人最後成就佛道；此謂釋迦意為能仁，牟尼意為寂靜，此第八識即名釋迦牟尼，釋迦牟尼即是能仁寂靜的第八識眞如；若有人聽聞如是第八識常住、如來不滅之正理，信受奉行之人皆有大乘實證之因緣，永得不退於成佛之道，是故聽聞釋迦牟尼名號而解其義者，皆得不退轉於無上正等正覺，未來世中必有實證之因緣。如是深妙經典，已由平實導師詳述圓滿並整理成書，預定於《大法鼓經講義》發行圓滿之後接著梓行，每二個月發行一輯，總共十輯，每輯300元。

解深密經講義：本經是所有尋求大乘見道及悟後欲入地者所應詳讀串習的三經之一，即是《楞伽經》、《解深密經》、《楞嚴經》三經中的一經，亦可作為見道眞假的自我印證依據。此經是　世尊晚年第三轉法輪時，宣說地上菩薩所應熏修之無生法忍唯識正義經典；經中總說眞見道位所見的智慧總相，兼及相見道位所應熏修的七眞如等法；亦開示入地應修之十地眞如等義理，乃是大乘一切種智增上慧學，以阿陀那識—如來藏—阿賴耶識為成佛之道的主體。禪宗之證悟者，若欲修證初地無生法忍乃至八地無生法忍者，必須修學《楞伽經、解深密經、楞嚴經》所說之八識心王一切種智。此三經所說正法，方是眞正成佛之道；印順法師否定第八識如來藏之後所說萬法緣起性空之法，墮於六識論中而著作的《成佛之道》，乃宗本於密宗宗喀巴六識論邪思而寫成的邪見，是以誤會後之二乘解脫道取代大乘眞正成佛之道，承襲自古天竺部派佛教聲聞凡夫論師的邪見，尚且不符二乘解脫道正理，亦已墮於斷滅見及常見中，所說全屬臆想所得的外道見，不符本經、諸經中佛所說的正義。平實導師曾於本會郭故理事長往生時，於喪宅中從**首七**開始宣講此經，於每一七起各宣講三小時，至**十七**而快速略講圓滿，作為郭老之往生後的佛事功德，迴向郭老早證八地、速返娑婆住持正法。茲為今時後世學人故，已經開始重講《解深密經》，以淺顯之語句講畢後，將會整理成文並梓行流通，用供證悟者進道；亦令諸方未悟者，據此經中佛語正義修正邪見，依之速能入道。平實導師述著，全書輯數未定，每輯三百餘頁，將於未來重講完畢後逐輯陸續出版。

修習止觀坐禪法要講記：修學四禪八定之人，往往錯會禪定之修學知見，欲以無止盡之坐禪而證禪定境界，卻不知修除性障之行門才是修證四禪八定不可或缺之要素，故智者大師云「性障初禪」；性障不除，初禪永不現前，云何修證二禪等？又：行者學定，若唯知數息，而不解六妙門之方便善巧者，欲求一心入定，未到地定極難可得，智者大師名之為「事障未來」：障礙未到地定之修證。又禪定之修證，不可違背二乘菩提及第一義法，否則縱使具足四禪八定，亦不能實證涅槃而出三界。此諸知見，智者大師於《修習止觀坐禪法要》中皆有闡釋。作者平實導師以其第一義之見地及禪定之實證證量，會加以詳細解析。將俟正覺寺竣工啓用後重講，不限制聽講者資格；講後將以語體文整理出版。欲修習世間定及增上定之學者，宜細讀之。平實導師述著。

阿含經講記—小乘解脫道之修證：小乘解脫道之修證：數百年來，南傳佛法所說證果之不實，所說解脫道之虛妄，所弘解脫道法義之世俗化，皆已少人知之；阿含解脫道從南洋傳入台灣與大陸之後，所說法義虛謬之事，亦復少人知之；今時台灣全島印順系統之法師居士，多不知南傳佛法數百年來所說解脫道之義理已然偏斜、已然世俗化、已非眞正之二乘解脫正道，猶極力推崇與弘揚。彼等南傳佛法近代所謂之證果者皆非眞實證果者，譬如阿迦曼、葛印卡、帕奧禪師、一行禪師……等人，悉皆未斷我見故。近年更有台灣南部大願法師，高抬南傳佛法之二乘修證行門為「捷徑究竟解脫之道」者，然而南傳佛法縱使眞修實證，得成阿羅漢，至高唯是二乘菩提解脫之道，絕非究竟解脫，無餘涅槃中之實際尚未得證故，法界之實相尚未了知故，習氣種子待除故，一切種智未實證故，焉得謂為「究竟解脫」？即使南傳佛法近代眞有實證之阿羅漢，尚且不及三賢位中之七住明心菩薩本來自性清淨涅槃智慧境界，則不能知此賢位菩薩所證之無餘涅槃實際，仍非大乘佛法中之見道者，何況彼等普未實證聲聞果乃至未斷我見之人？謬充證果已屬逾越，更何況是誤會二乘菩提之後，以未斷我見之凡夫知見所說之二乘菩提解脫偏斜法道，焉可高抬為「究竟解脫」？而且自稱「捷徑之道」？又妄言解脫之道即是成佛之道，完全否定般若實智、否定三乘菩提所依之如來藏心體，此理大大不通也！平實導師為令修學二乘菩提欲證解脫果者，普得迴入二乘菩提正見、正道中，是故選錄四阿含諸經中，對於二乘解脫道法義有具足圓滿說明之經典，預定未來十年內將會加以詳細講解，令學佛人得以了知二乘解脫道之修證理路與行門，庶免被人誤導之後，未證言證，梵行未立，干犯道禁自稱阿羅漢或成佛，成大妄語，欲升反墮。本書首重斷除我見，以助行者斷除我見而實證初果爲著眼之目標，若能根據此書內容，配合平實導師所著《識蘊眞義》《阿含正義》內涵而作實地觀行，實證初果非爲難事，行者可以藉此三書自行確認聲聞初果爲實際可得現觀成就之事。此書中除依二乘經典所說加以宣示外，亦依斷除我見等之證量，及大乘法中道種智之證量，對於意識心之體性加以細述，令諸二乘學人必定得斷我見、常見，免除三縛結之繫縛。次則宣示斷除我執之理，欲令升進而得薄貪瞋痴，乃至斷五下分結…等。平實導師將擇期講述，然後整理成書。共二冊，每冊三百餘頁。每輯300元。

＊喇嘛教修外道雙身法，墮識陰境界，非佛教＊

＊弘揚如來藏他空見的覺囊派才是真正藏傳佛教＊

總經銷： 聯合發行股份有限公司

231 新北市新店區寶橋路 235 巷 6 弄 6 號 4F

Tel.02－2917-8022（代表號） Fax.02－2915-6275（代表號）

零售：1.**全台連鎖經銷書局：**

三民書局、誠品書局、何嘉仁書店

敦煌書店、紀伊國屋、金石堂書局、建宏書局

諾貝爾圖書城、墊腳石圖書文化廣場

2.**台北市**：佛化人生 **大安區**羅斯福路 3 段 325 號 6 樓之 4 台電大樓對面

3.**新北市**：春大地書店 **蘆洲區**中正路 117 號

4.**桃園市**：御書堂 **龍潭區**中正路 123 號

5.**新竹市**：大學書局 **東區**建功路 10 號

6.**台中市**：瑞成書局 **東區**雙十路 1 段 4 之 33 號

佛教詠春書局 **南屯區**永春東路 884 號

文春書店 **霧峰區**中正路 1087 號

7.**彰化市**：心泉佛教文化中心 南瑤路 286 號

8.**高雄市**：政大書城 **前鎮區**中華五路 789 號 2 樓（高雄夢時代店）

明儀書局 **三民區**明福街 2 號

青年書局 **苓雅區**青年一路 141 號

9.**台東市**：東普佛教文物流通處 博愛路 282 號

10.**其餘鄉鎮市經銷書局**：請電詢總經銷**聯合**公司。

11.**大陸地區請洽：**

香港：樂文書店

銅鑼灣店 :香港銅鑼灣駱克道 506 號 2 樓

電話 : (852) 2881 1150 email: luckwinbs@gmail.com

廈門：廈門外圖臺灣書店有限公司

地址：廈門市思明區湖濱南路809 號 廈門外圖書城3 樓 郵編：361004

電話：0592-5061658（臺灣地區請撥打 86-592-5061658）

E-mail：JKB118＠188.COM

12.**美國：世界日報圖書部**：紐約圖書部 電話 7187468889#6262

洛杉磯圖書部 電話 3232616972#202

13.**國內外地區網路購書：**

正智出版社 書香園地 http://books.enlighten.org.tw/

（書籍簡介、經銷書局可直接聯結下列網路書局購書）

三民 網路書局 http://www.sanmin.com.tw

誠品 網路書局 http://www.eslitebooks.com

博客來 網路書局 http://www.books.com.tw

金石堂 網路書局 http://www.kingstone.com.tw

聯合 網路書局 http:// www.nh.com.tw

二、招生公告 本會台北講堂及全省各講堂、香港講堂，每逢四月、十月下旬開新班，每週共修一次（每次二小時。開課日起三個月內仍可插班）；各班共修期間皆爲二年半，全程免費，欲參加者請向本會函索報名表（各共修處皆於共修時間方有人執事，非共修時間請勿電詢或前來洽詢、請書），或直接從本會官方網站(http://www.enlighten.org.tw/newsflash/class)或成佛之道網站下載報名表。共修期滿時，若經報名禪三審核通過者，可參加四天三夜之禪三精進共修，有機會明心、取證如來藏，發起般若實相智慧，成爲實義菩薩，脫離凡夫菩薩位。

三、新春禮佛祈福 農曆年假期間停止共修：自農曆新年前七天起停止共修與弘法，正月 8 日起回復共修、弘法事務。新春期間正月初一～初七 9.00～17.00 開放台北講堂、正月初一~初三開放新竹、台中、嘉義、台南、高雄講堂，以及大溪禪三道場（正覺祖師堂），方便會員供佛、祈福及會外人士請書。

密宗四大派修雙身法，是外道性力派的邪法；又以生滅的識陰作為常住法，是常見外道，是假的藏傳佛教。

西藏覺囊巴以他空見弘揚第八識如來藏勝法，才是真藏傳佛教

敬告大陸讀者：

大陸讀者購書、索書捷徑（尚未在大陸出版的書籍，以下二個途徑都可以購得，電子書另包括結緣書籍）：

1.廈門外國圖書公司：廈門市思明區湖濱南路 809 號 廈門外圖書城 3F
郵編：361004　電話：0592-5061658　網址：http://www.xibc.com.cn/

2.電子書：正智出版社有限公司及正覺同修會在台灣印行的各種局版書、結緣書，已有『**正覺電子書**』陸續上線中，提供讀者於手機、平板電腦上購書、下載、閱讀正智出版社、正覺同修會及正覺教育基金會所出版之電子書，詳細訊息敬請參閱『正覺電子書』專頁：http://books.enlighten.org.tw/ebook

關於平實導師的書訊，請上網查閱：
成佛之道　http://www.a202.idv.tw
正智出版社 書香園地　http://books.enlighten.org.tw/

中國網採訪佛教正覺同修會、正覺教育基金會訊息：

http://foundation.enlighten.org.tw/newsflash/20150817_1

http://video.enlighten.org.tw/zh-CN/visit_category/visit10

★ 正智出版社有限公司售書之稅後盈餘，全部捐助財團法人正覺寺籌備處、佛教正覺同修會、正覺教育基金會，供作弘法及購建道場之用；懇請諸方大德支持，功德無量。

★ 聲　明 ★

本社於 2015/01/01 開始調整本目錄中部分書籍之售價，以因應各項成本的持續增加。

＊ 喇嘛教修外道雙身法、墮識陰境界，非佛教 ＊

＊ 弘揚如來藏他空見的覺囊派才是真正藏傳佛教 ＊

換書及道歉公告

《法華經講義》第十三輯初版免費調換新書啓事：本書因謄稿、印製等相關人員作業疏失，導致該書中的經文及內文用字將「**親近**」誤植成「清淨」。茲爲顧及讀者權益，自 2017/8/30 開始免費調換新書；敬請所有讀者將以前所購第十三輯初版首刷及二刷本，攜回或寄回本公司免費換新，或請自行更正其中的錯誤之處；郵寄者之回郵由本公司負擔，不需寄來郵票。同時對因此而造成讀者閱讀、以及換書的困擾及不便，在此向所有讀者致上最誠懇的歉意，祈請讀者大眾見諒！錯誤更正說明如下：

一、第 256 頁第 10 行~第 14 行：【就是先要具備「**法親近處**」、「**眾生親近處**」；法**親近**處就是在實相之法有所實證，如果在實相法上有所實證，他在二乘菩提中自然也能有所實證，以這個作爲第一個**親近**處——第一個基礎。然後還要有第二個基礎，就是瞭解應該如何善待眾生；對於眾生不要有排斥或者是貪取之心，平等觀待而攝受、親近一切有情。以這兩個**親近**處作爲基礎，來實行其他三個安樂行法。】。

二、第 268 頁第 13 行：【具足了那兩個「**親近處**」，使你能夠在末法時代，如實而圓滿的演述《法華經》時，那麼你作這個夢，它就是如理作意的，完全符合邏輯去完成這個過程，就表示你那個晚上，在那短短的一場夢中，已經度了不少眾生了。

《大法鼓經講義》第一輯初版免費調換新書啓事：本書因校對相關人員作業疏失錯失別字，導致該書中的內文 255 頁倒數 5 行有二字錯植而無發現，乃「『**智慧**』的滅除不容易」應更正爲「『**煩惱**』的滅除不容易」。茲爲顧及讀者權益，自 2023/2/15 開始免費調換新書，或請自行更正其中的錯誤之處；敬請所有讀者將以前所購第一輯初版首刷及二刷本，攜回或寄回本公司免費換新；郵寄者之回郵由本公司負擔，不需寄來郵票。同時對因此而造成讀者閱讀、以及換書的困擾及不便，在此向所有讀者致上最誠懇的歉意，祈請讀者大眾見諒！

正智出版社有限公司　敬啓

國立中央圖書館出版品預行編目資料

禪淨圓融／平實導師等著述. 再版
台北市；正智，1999〔民88〕
面；　　公分
ISBN 957-98597-8-7 （平裝）

1. 禪宗　2. 淨土
226.6　　　　88006464

作　者：平實導師
校　對：孫淑貞 蘇振慶 許紫燕 廖筱梅
出版者：正智出版社有限公司
電話：○二 28327495　28316727（白天）
傳眞：○二 28344822
111 台北郵政 73-151 號信箱
郵政劃撥：一九○六八二四一
正覺講堂：總機○二 25957295（夜間）
總經銷：聯合發行股份有限公司
231 新北市新店區寶橋路 235 巷 6 弄 6 號 4 樓
電話：○二 29178022（代表號）
傳眞：○二 29156275
初　版：公元一九九七年七月　五千冊
三版七刷：公元二○二三年三月　二千冊
售　價：二○○元